# ワーママが無理ゲーすぎてメンタルがやばいのでカウンセラーの先生に聞いてみた。

心理カウンセラー
下園壮太

イラスト
ひえじまゆりこ

時事通信社

# ワーママが無理ゲーすぎて限界

私は大学卒業後
就職して10年後に
結婚。
翌年に長男を出産。
1年の育休を経て
職場復帰しました。
いわゆる
「ワーママ」になって
半年……
はぁ〜〜
夫は仕事で
朝早くて夜遅いから
時短勤務の私が
ワンオペで
家事なんてムリ
夫
はるとくん
もうかえろーよ
ママ
疲れたよー
ヤッ
息子（2）は
イヤイヤ期
真っ盛り…
降園後
なかなか
帰って
くれない
職場復帰前に
いろいろ準備してた
つもりだけど
乾燥付き
洗濯機とか
食洗機とか
買ったけど
それでも
家事量
すごい…
朝の
登園
しぶり…
急な
発熱の
呼び出し
いざワーママに
なったら
しんどいこと多すぎ…
キャパオーバー!…
晩ご飯作らなきゃ
いけないし、
早く帰りたい!
はると!
いい加減にしなさい!
かえるよ!!
ヤー!!
バチーン!!
もう…
ぽろ
ぽろ
ぽろ
ワーママ
やめたい……

# 子育ては戦場!?

うっう
ポンポン
くるっ
大丈夫ですよ!
……どちら様ですか?
?
カウンセラーの
下園壮太《しもぞのそうた》です!
元・自衛隊メンタル教官
今、「ワーママやめたい」って思ったでしょう?
エスパー!?
なんでわかるんですか!?
大丈夫ですよ。
今、大変なのはあなたの努力や能力不足が原因ではありません。
なぜなら……
すっ
今の子育ては「戦場」なんですから!!
!?

# 原始人のころから…

下園先生
帰りながら質問させてください
今の子育ては「戦場」ってどういうことですか？
そもそも
子孫を残すということは…
原始人のころから
まぎゃあ
まぎゃあ
命がけの行為なんです。
さらに現代は
子育て環境も大きく変わりました。
「核家族化」
「女性の社会進出」
わー全部あてはまる～
35歳
社会的な仕事や責任が増えるが
回復力が落ちてくる「35歳クライシス」
「新型コロナ」
そして……
SNSなど膨大な子育て情報の
落とし穴！
キャアアアァ

## 自分で自分を守ろう！

ガコンッ!!
大丈夫ですか？
大丈夫です…
おい！マンホールのフタ開いてるぞ!!
ママー!!
私は20年間自衛隊で
任務で傷ついた隊員の心をケアする仕事をしていました。
リアルな戦場の怖さを知り寄り添ってきた経験から
今の日本の子育て環境のリスクは「戦場並み」だと考えています。
特にワーママのみなさんは
心が折れてしまう危険がある。
だれでもいつでも
僕からすると
あまりにみなさん
無防備に子育てに突入していくように感じます……
戦場なのに軽装すぎる！
大切なのは「自分自身のケア」
心のメカニズムを知って
自分さえしっかり大切にできれば
たいていのことは乗り越えていけます！

# ワーママたちのお悩み調査

「ぎゅってWeb」アンケートより

ワーキングマザーのみなさんを対象に、
①自分が疲れていると感じるか
②子育てと仕事の両立で悩んでいるか
③どんなことに悩んでいるか
についてアンケートを実施しました。

- アンケートタイトル：「働くママに向けた書籍企画」アンケート
- 調査対象：ぎゅってWeb会員（運営：株式会社こどもりびんぐ）
- 調査方法：メールアンケート
- 調査期間：2022/11/17（木）～11/27（日）

## Q1

あなたは今、自分が疲れていると感じますか？
（n=214）

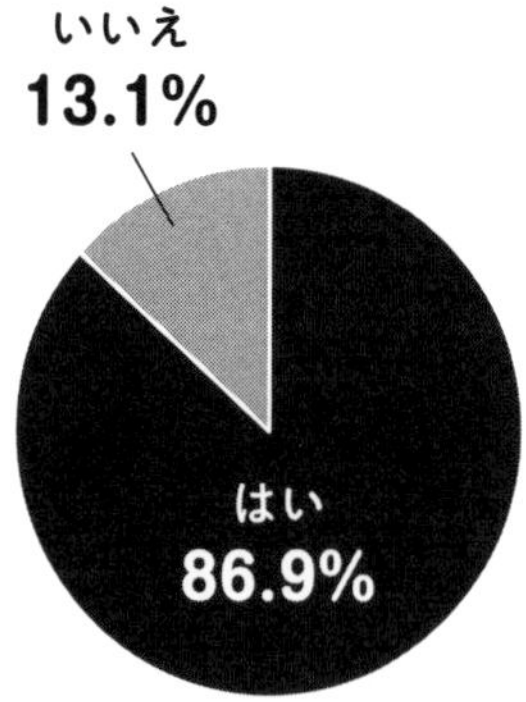


## Q2

あなたは子育てと仕事の両立について、悩んでいますか？
（n=186）

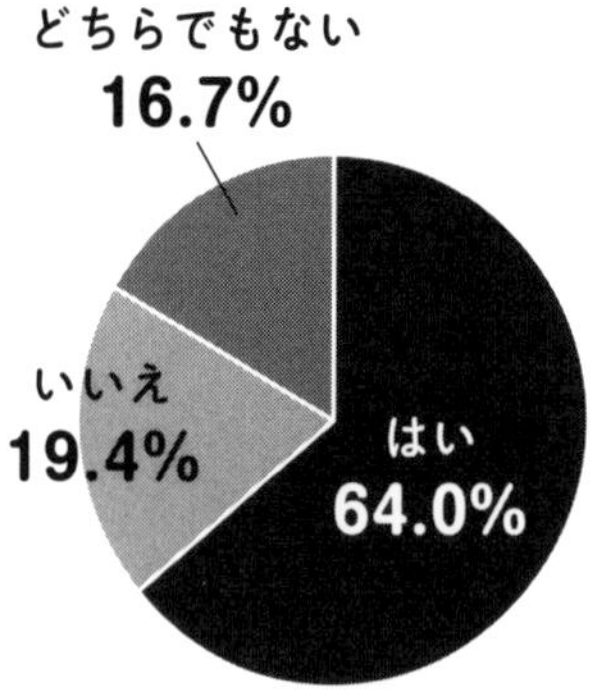

# Q3

**Q2で「はい」と答えた方へ。
子育てと仕事を両立していく中で、
どんなことに悩んでいますか？（いくつでも）**

（n=119）

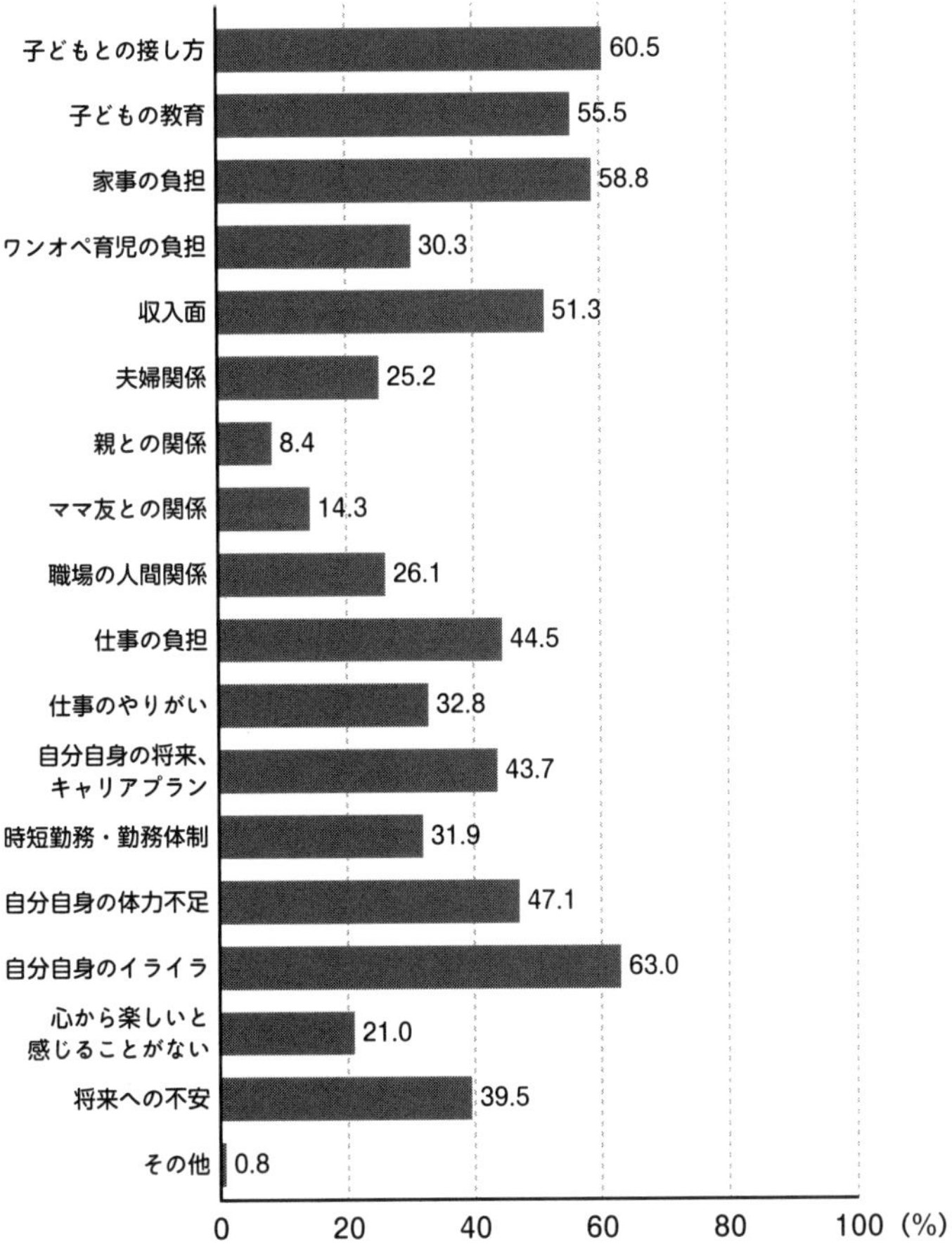

プロローグ

# 戦場の子育てに向かう、勇者のママたちへ

子育てとは「戦場」です。

決して大げさなことを言っているのではありません。

これは、私からみなさんに向けて、一番強くお伝えしたいことなんです。

私は自衛隊で、20年間「心理幹部」として、任務で傷ついた隊員の心をケアする仕事を続けてきました。戦場の悲惨さについてはよく認識しています。また、退官したあとは、「メンタルレスキュー協会」というNPO法人で、プロフェッショナルなカウンセラーを育成しつつ、うつや悲惨なできごとを経験した多くのクライアントの支援を続けています。

リアルな戦場の怖さを知り、かつ「心の危機」に陥った多くのケースに寄り添って

きた経験から、「現在の子育て環境のリスクは戦場並みだ」と指摘したいのです。

そもそも人間に限らず、命あるものにとって、子孫を残すということは本来命がけで行われるものです。それに加えて、コロナ禍を経て、今の日本で子育て中の人、とりわけワーキングマザーのみなさんは、これまでにない厳しい環境のもと、お子さんを育て、仕事をしなければいけなくなっている。その厳しさは事件・事故や災害現場、戦場と同じレベルであり、本人に自覚がなくても、いつのまにかハードな戦いを強いられていて、だれでもいつでも、心が折れてしまう可能性が高まっているんです。

ですから、今これを読んでいるあなたは、まず「自分が疲れていたり、自分をコントロールできなかったりするのは当然なんだ」と思ってください。そして、ご自分を責めないでください。

なぜ子育てが「戦場」だと言えるのでしょうか？　詳しくはSTEP2（61ページ以降）で述べますが、この本は、「最前線」にいるお母さんたち、そしてお父さんたちのために、少しでも助けになればという思いからお届けします。

さて出版に先立って、保育園ママ・パパを応援しているウェブサイト「ぎゅってWeb」が、働くお母さんたちの悩みについてアンケートを実施してくださいました。私の予想どおり、いや予想を超えて、今まさに現場にあるワーキングマザーのみなさんの、切実な様子が伝わってきました。

「自分が疲れていると感じる」と回答した方は86・9%。「子育てと仕事の両立で悩んでいる」と回答した方は64%いらっしゃって、悩みの内容については、1位「自分自身のイライラ」63%、2位「子どもとの接し方」60・5%、「家事の負担」58・8%でした（複数回答）。

寄せられたコメントを読んでみると、

- **「疲れている自分、家事をしなければならないがスムーズにいかず、気力なく、そういうときに子どもと衝突しイライラが募るという、負のループに陥ります」**（千葉県40代／11歳児ママ）
- **「イライラが止まりません。毎日、怒鳴っています」**（千葉県30代／5歳・2歳児ママ）

●「フルタイムで仕事をしていると、平日帰宅後は夕食作り、夕食、片づけ、お風呂、就寝準備、明日の用意……と子どもと向かい合って過ごす時間がない。宿題や学校からの連絡もおざなりになってしまう」（岐阜県30代／7歳・4歳児ママ）

●「仕事から帰ってきて子どもをあやしながら家事をするのがとても疲れる。（コロナ禍では）テレワークになって、夫が家にいることが増えたので、夫の昼食を作らないといけない」（大阪府20代／1歳児ママ）

それぞれに大変な負担感の中、生活を送っていらっしゃることが伝わってきます。

アンケートの性質もありますが、世間の人たちがうっすらイメージしている「幸せな子育て」「キラキラしたライフバランス」など、そこにはほとんどないのです。

この本のタイトルに沿うなら、ワーママはズバリ、「無理ゲー」なんです。

## ✧心が不調になるから、悩みや問題が生まれてくる

私は子育ての専門家ではないので、ここで寄せられたそれぞれの悩みについて、

「○歳のお子さんにはこう接しましょう」とか「宿題や学校からの連絡対策はこうしましょう」といった個別のアドバイスはできません。

一方で、私はメンタルヘルスの専門家として、「心」についてはアドバイスができます。人が悩むときには、ある共通の「メカニズム」があります。そのメカニズムを知ることで、少なくとも、メンタル面でのトラブルを防ぎやすくなります。心の仕組みを知って、自分自身を上手にケアできるようになると、いつのまにか悩みが悩みでなくなっていくでしょう。

人の悩みには「問題があって悩むから、心が不調になる」のではなくて、「**心が不調になるから、悩みや問題が生まれてくる**」という面があります。多くのクライアントを見ていると、むしろ後者のほうが圧倒的に多いのです。今、頭を悩ませていることが子育てであっても、介護であっても、はたまた恋愛やキャリアであっても、それは変わりません。

今まさに奮闘されているワーママのみなさんに向けて、何よりも大事にしてほしいのは自分の心。「自分自身のケア」です。

心のメカニズムを知って、自分さえしっかり大切にできれば、たいていのことは乗り越えていけます。「自分自身のケア」がすべての土台であり、ここが崩れるとすべてが崩れて、いろいろな問題が生じてきてしまうんです。

## ✧「自分自身のケア」を決して後回しにしないで

自分自身のケアがすべての土台。けれども、戦場（＝子育て）においては、多くの親御さんは、自分のことはつい後回しにしがちです。しかも本人が落ち込めば落ち込むほど、さらに後回しになっていくという悪循環に陥っていきます。

本書でも話していきますが、心がうつっぽくなると、

- **同じことでも、より自分を責める思考になる**（「自責スイッチ」と呼んでいます）
- **同じ刺激でも、よりイライラする**

- ほかの人から「休んだほうがいい」と言われても「休めない」とムキになる
- 状況が悪化するほど相談できなくなる

などの症状が、だれにでも現れてきます。状況が深刻になってから、何か対策しようとしても、すでにいつもどおりには動けなくなっていることがほとんどです。

「待ったなし」の現場においては、どんなことも早め早めに対策をしておくことが大事。この本では、そのための知識とノウハウをなるべくやさしく、ポイントを絞ってご紹介していきます。

## ✧子育ては楽しい。こじらせなければ……

さて、子育ては「戦場」だと言いました。

誤解しないでいただきたいのですが、本来、私たち人間にとって、命を授かり、育んでいく体験はすばらしいものであり、喜びを感じられるものです。身近に子どもの成長を見て、子育てのスキルを学ぶことで、今まで見えなかった世界を知り、視野がグンと広がります。また、仕事との両立を試行錯誤する中で経験を深めれば、人としても社会人としても、大きくたくましく成長できるチャンスになるでしょう。また、中には、悩みや不調を抱えすぎることなく子育てに向き合えているママもいることでしょう。子育ては本来、楽しいものなんです。

ただし、私の観測では、少しばかり現代は、子育て活動をこじらせてしまうポイントが多すぎてしまうようです。本来の喜びを感じられるようになるためにも、子育て中の方は、まずは「自分自身のケア」について、この本を通じて知ってほしいです。

## ✧本書の読み方

本書は、次のとおりに5つのステップとQ&Aで構成されています。

STEP1から順に読むのでも、あるいは目次をご覧になって、興味のあるところを拾い読みするのでもOKです。

**STEP1　悩みがなくならないのはなぜ？――基本のメカニズム**

私たちが悩んだりイライラしたりするのには「理由」があります。意外と多くの方が知らない、心の基本的なメカニズムを解き明かします。

**STEP2　そもそも子育て環境が無理ゲー!?――戦況分析**

自分は今、どんな環境で子育てをしているのか？「戦況」を客観的に分析することで、「ではどうするか」「どのように戦うか」も冷静に考えやすくなります。

**STEP3　自分の戦力をチェックしよう――戦力分析**

子育てという長期戦に向かっていくため、今、自分が持っている「戦力」を客観的にチェックします。

**STEP4　子育て戦場での戦い方――実践編**

最終目標を明確に掲げ、ダメージコントロールや「緊急プラン」の立て方など、子育て戦場での実践的な「戦い方」をお伝えします。

**STEP5　子育て情報うつにならないために**

「子育て情報」でうつになる？　ＳＮＳ時代を生きるワーママに伝えたい、情報と上手につきあうための大切なポイントをご紹介します。

**Q&A　お悩みワーママへの処方箋**

アンケートに寄せられた実際の質問をもとに、個別の悩みについて、具体的にどのように対処していけばいいかを私からアドバイスします。

「基本→戦況分析→戦力分析→実践」とは、まさに自衛隊時代に培われた思考法です。みなさんには馴染みがなくて、驚かれてしまうかもしれませんね。もしかしたら、いささか理屈っぽく感じてしまうかもしれません。

でも、ワーママたちの「自分自身のケア」は、理想論ではダメなんです。「超実践」で役立つ情報をお伝えしていきますので、おつきあいいただけたら幸いです。

下園壮太

## STEP 1 悩みがなくならないのはなぜ？
### ——基本のメカニズム

# STEP 2 そもそも子育て環境が無理ゲー!?

## ――戦況分析

## STEP 3 自分の戦力をチェックしよう
### ――戦力分析

## STEP 4 子育て戦場での戦い方
### ——実践編

# STEP 1

# 悩みがなくならないのはなぜ？

――基本のメカニズム

Lesson 01

# ワーママの悩みには4つのパターンがある

私たちはなぜ悩んだり、ときには落ち込んで「うつっぽく」なったりしてしまうのでしょうか。最初のステップとして、心のメカニズムについて、基本的なお話をしましょう。

子どもの発達の気がかり、ワンオペ育児の負担、自分自身のイライラ、職場の人間関係、今後のキャリアや収入のこと……。カウンセリングの場でもアンケートでも、ワーキングマザーのみなさんの悩みは、それぞれ多岐にわたっていて、本当にさまざまなトラブルがあります。

みなさんは、こうしたすべてについて、「子育ての問題」「子育てと仕事の両立をめぐる問題」と、ひとつにくくって考えるかもしれません。ですが私の観点からは、ワーママたちの悩みは、次の「4つのパターン」にわかれます。

**〈ワーママの悩みに潜む4つのパターン〉**

① **自分を責める**（例／イライラする自分を責めてしまう、自分はちゃんとできないと思ってしまう、など）

② **自信を失う**（例／子どもはこれでいいのか、キャリアはこれでいいのか、自分だけ能力がないのではないか、自分のことをだれも理解してくれない、など）

③ **疲労**（例／疲れ果てている、気力が出ない、体が思うように動かない、など）

④ **不安**（例／眠れない、お金に関する不安、子どもや自分の将来への不安、など）

カウンセラーの立場から言うと、じつは**この4つは、クライアントさんが心を折った状態、いわゆる「うつ状態」に陥ってしまったときに出てくる要素**でもあります。

どういうことかというと、毎日の生活の中で「疲れた！」と感じても、一晩寝て、まあ回復しているならば、それは「単なる疲れ」です。ところが、いわゆる「うつ状態」になると、一晩寝ても回復せず、精神面での「症状」が出てきます。そのよくある症状が、自分を責める、自信を失う、疲労、不安という4つなのです。

ワーママたちの悩みや問題は、子どもや夫、キャリアのことなどに細分化されていますす。でも、そのベースには共通して「うつ状態」、もしくはそれに限りなく近い「うつっぽい状態」があることが多いのです。プロローグでも触れましたが、人は特定の悩みがあるから「うつ状態」「うつっぽい状態」になるというより、**もともとその人が「うつ状態」「うつっぽい状態」にあるから、悩みが発生しているという面があります。**

## 心に影響する「自信」と「エネルギー」の低下

では「うつ状態」「うつっぽい状態」とは具体的にどういうことなのでしょうか。さらにひもといてまいりましょう。

①自分を責める、②自信を失う、③疲労、④不安という4つの症状は、結果であり、かつ原因でもあります。なんらかのきっかけで、ひとつの要素が悪化したとき、たまたまほかの要素の状態が良くないと、うつ状態が促進されるのです。うつが促進されると、この4つの症状を強く感じ始めます。

逆に言うと、うつを改善するには、この4つの症状のどれかを改善していけばいいのですが、特に効果があるのが次の2つへのアプローチです。

**②「自信を失う」へのアプローチ　→　「自信」の低下を改善する**
**③「疲労」へのアプローチ　→　「エネルギー」の低下を改善する**

「自信」と「エネルギー（疲労）」は、とても重要です。うつ状態の人には、ほぼ「自信」と「エネルギー」の低下が見られるからです。

カウンセリングの場では、どんなクライアントさんに対しても、私はこの2点が今、その人の中でどうなっているかに注目して、話を進めていきます。

それくらい、人の「心」に大きな影響を及ぼす〝柱〟だと思ってください。

ごく単純に考えれば（実際はそう簡単にはいかないところもあるのですが）、**「自信」と「エネルギー」を回復しさえすれば、うつ状態からは脱することができますし、何か問題があっても、「なんとか乗り越えていける」と感じるようになる**ものなんです。

# Lesson 02

# 「エネルギー」と「心」の関係
# ──疲労の3段階

「エネルギー」とは、その人がどれだけ疲れているかを表すもの、つまり疲労の度合いです。

現代人は基本的に疲れている方が多いです。ましてやワーキングマザーやワンオペ育児状態のお母さんたちは、日常的に疲労を溜めている（蓄積疲労と呼んでいます）方が非常に多いんです。

エネルギーと心は密接につながっています。今、エネルギーのレベル（＝疲労の度合い）がどこにあるかで、その方がどのような精神状態にあるのか、同じ人でも「過敏さ」や「傷つきやすさ」が変わっていきます。

「疲労」の度合いを3段階に分けて、心との関係を見てみましょう（36ページ図）。

**〈疲労の3段階〉**

**1．疲労1段階（通常疲労）**

通常の元気レベル。

この状態で疲れることをしても、よく眠れなかったり、食欲不振になったりするなど、疲れは肉体的な症状に出るだけで、精神的な変化はほとんどない。「あるショック」（たとえば、上司のイヤミな一言、夫との口げんかなど）を受けても、一晩寝たら復活する回復力もある。

ある程度エネルギーがあるので、気力も関心も湧きやすい。仕事や作業に集中でき、かつ楽しむことができる。

**2．疲労2段階**

少し疲労が深まった、いわゆる「うつっぽい状態」。

仕事や作業は「緊張・なんとかして対応」モード。余裕がなく、あまり楽しめなくなる。何をやるのもうっすらと億劫で、やる気が出にくい。また、「あるショック」を受けたら、1（疲労1段階）と同じできごとでも「2倍」ショックに感じる。そのショックは一晩では回復せず、何日か引きずるなど、回復にも「2倍」の時間がかかる。ほかにも、人を避ける、我慢できない、イライラなどの症状が出始めるが、一方で、表面的には平常を保てるだけのエネルギーはかろうじて残っている。しかし、がんばって一時的に表面を飾る分、気分の波の起伏が大きくなっている。

## 3．疲労3段階（＝うつ状態）

「仕事を辞めたい」「いなくなりたい」「死にたい」という思いや言葉が出る。元気なときとは別人のようになる（別人化と言います）。①自分を責める、②自信を失う、③疲労、④不安の4つの要素が強まり、過剰な自責感、無力感、負担感、過剰な不安が出る。「あるショック」があったら、1（疲労1段階）と同じできごとでも「3倍」ショックに感じる。回復には「3倍」の時間がかかる。ほかにも、さまざまな身体不調が続き、今までできたことができない。集中力や決断力がなくなる。

## 疲労の３段階

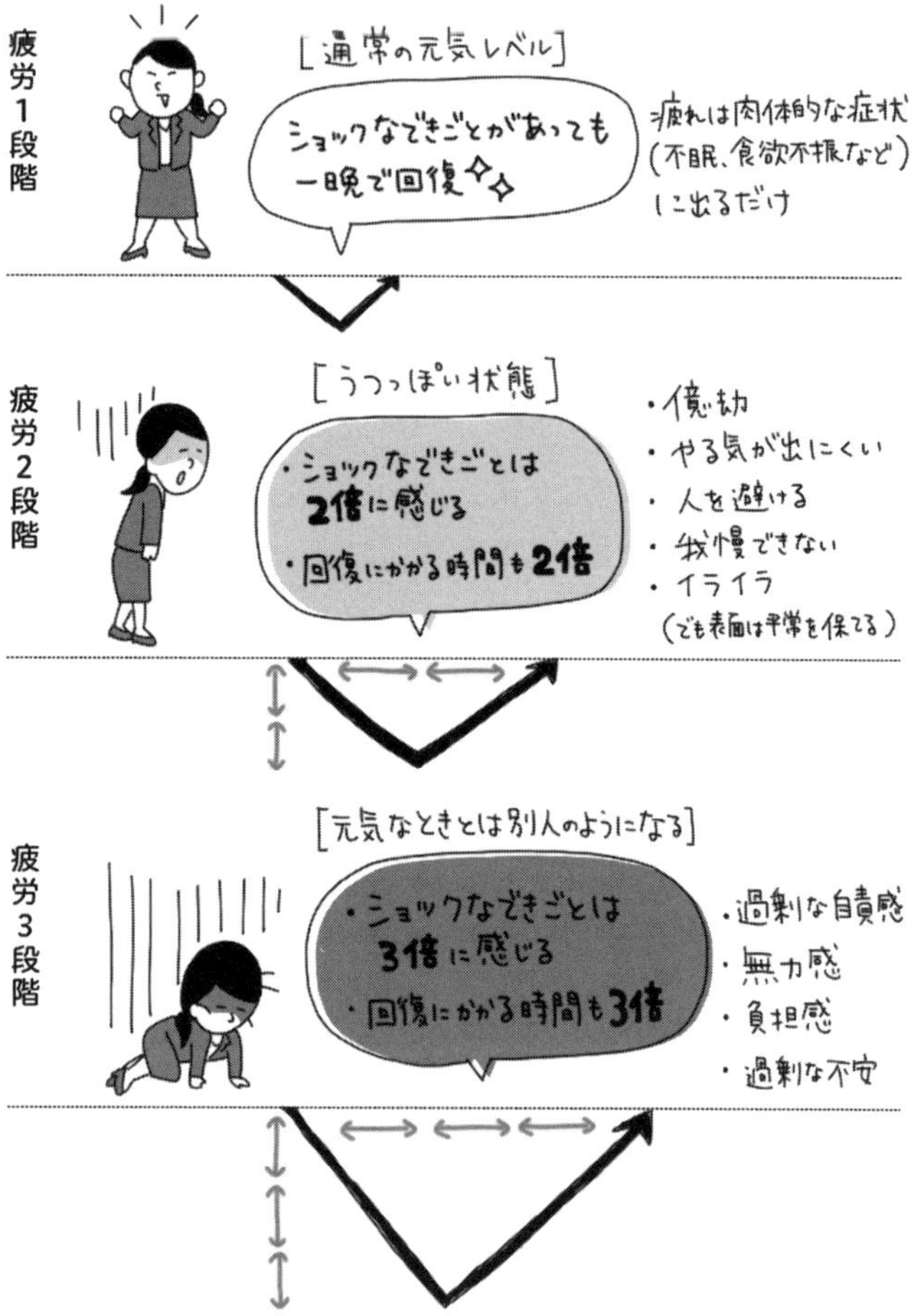
疲労１段階
[通常の元気レベル]
ショックなできごとがあっても一晩で回復
疲れは肉体的な症状（不眠、食欲不振など）に出るだけ
疲労２段階
[うつっぽい状態]
・ショックなできごとは2倍に感じる
・回復にかかる時間も2倍
・億劫
・やる気が出にくい
・人を避ける
・我慢できない
・イライラ
（でも表面は平常を保てる）
疲労３段階
[元気なときとは別人のようになる]
・ショックなできごとは3倍に感じる
・回復にかかる時間も3倍
・過剰な自責感
・無力感
・負担感
・過剰な不安

# Lesson 03

# 疲労は「ポイント制」で溜まっていく

アンケートで「自分が疲れていると感じる」と回答した方は86・9％、「いいえ（感じていない）」と回答した方は13・1％いらっしゃいました。けれども、疲労に自覚がある方もない方も、ご自身が思っている以上に、実際はもっと疲労が深いのではないかと推察しています。

みなさんは「なんだか疲れたなあ」と感じるとき、その原因については、ごく直近の、遠くても数日前のできごとを思い浮かべませんか。たとえば、「昨晩、子どもの夜泣きが続いて眠れなかった」「最近仕事のトラブル対応に追われている」などです。

**でも本当は、ここ数カ月、もしくは数年でのライフイベントをすべて含めて、見積**

もらなくてはいけないんです。

## ライフイベントと疲労

「ライフイベント」とは、日常的なできごとのことです。ライフイベントがどれだけ心身に不調をきたすのかを調査した、有名なアメリカの研究があります。下の表を見てください。

直近1年の間に経験したライフイベントの点数の合計が「250」以下なら30%、「150〜300」なら50%、「300」以上なら80%の人が、次の年に心身の不調に陥る可能性がある、というものです。

この表をよく見ると、結婚、妊娠、家族

**ライフイベントのストレス**

| | | | | | |
|---|---|---|---|---|---|
| 100 | 配偶者の死 | 38 | 家計の悪化 | 23 | 上司とのトラブル |
| 73 | 離婚 | 37 | 友人の死 | 20 | 労働環境の変化 |
| 65 | 別居 | 36 | 転職 | 20 | 転居 |
| 63 | 懲役 | 35 | 夫婦げんかの増加 | 20 | 転校 |
| 63 | 近親者の死 | 31 | 100 万円以上の借金 | 19 | 趣味の変化 |
| 53 | けがや病気 | 30 | 預金等の消滅 | 19 | 宗教の変化 |
| 50 | 結婚 | 29 | 仕事の責任の変化 | 18 | 社会活動の変化 |
| 47 | 失業 | 29 | 子どもの独立 | 17 | 100 万円未満の借金 |
| 45 | 離婚調停 | 29 | 親戚とトラブル | 16 | 睡眠リズムの変化 |
| 44 | 家族のけがや病気 | 28 | 個人的成功 | 15 | 同居人の変化 |
| 40 | 妊娠 | 26 | 妻の就職・退職 | 15 | 食習慣の変化 |
| 39 | 性的困難 | 26 | 入学・卒業 | 13 | 長期休暇 |
| 39 | 家族の増加 | 25 | 生活リズムの変化 | 12 | クリスマス |
| 39 | 新しい仕事 | 24 | 習慣の変更 | 11 | 軽微な法律違反 |

（出典）Holmes, T. H. & Rahe, R. H. (1967), The social readjustment rating scale. Journal of Psychosomatic Research, 11 (2), 213-221. より一部改変

の増加（出産）といった大きなできごとばかりではなく、夫婦げんかの増加、生活リズムの変化、趣味の変化、長期休暇といった、わりと小さなできごとにも点数がついています（アメリカの調査なので、日本人のニュアンスと異なる部分もあります）。

この表の点数を「疲労」のポイントと考えてみてください。

**たとえ大きなできごとがなくても、生活の小さな変化の積み重ねで、気づかないうちにポイントがどんどん加算されていく。たとえ、それがハッピーなイベントであっても、私たちは疲れるもの。**気づかない間に、いつのまにか疲労ポイントが蓄積しているんです。

ちなみにコロナ禍では、習慣の変更（マスクや手の消毒、検温など）、労働環境の変化（テレワーク、オンライン会議）などを多くの方が経験しました。また、この表にはありませんが、最近では、ひどい花粉症や天候不順、過剰なSNSのチェックなども、疲労の要因になっていると私は考えています。

# Lesson 04

# ワーママの8割は疲労2段階？

さて、38ページの「ライフイベントのストレス」表も参考にこの1～2年を振り返ってみて、ご自身の今の「疲労ポイント」は何点くらいになりましたか？

みなさんは、妊娠・出産を経て体がクタクタの中、日々の家事や育児をこなしていらっしゃいます。

さらに、コロナ禍による大きな社会変化も体験しつつ、疲れが回復し切らないまま、さらに職場復帰、子どもの保育園・幼稚園入園、進学・イベント、日々の子育てと仕事の両立……などなど、ポイントを着々と貯めてしまっているという方がほとんどなのではないでしょうか。

**今、日本のワーママたちやワンオペ育児をしているお母さんたちのうち、8割は「疲労2段階」以下にある**と私は見ています。中には疲労を深めて「疲労3段階」（うつ状態）に陥っている方も決して少なくなく、珍しいケースではありません。

「疲労2段階」では、どうしても楽しさレベルが落ちて、目の前のことに必死になってしまいます。「疲労3段階」の「うつ状態」にまで陥ってしまうと、ちょっとしたできごとがトラウマになったり、子どもへの拒否反応が出てきたりする方もいて、中には虐待などに及んでしまうケースもあります。

もちろん、タイミング良く休めるなどして、自然に「疲労1段階」に回復する方もいらっしゃいます。しかし、子育て、そして仕事や人生に前向きに向き合っていくためにも、まずはご自身の疲労ポイントをチェックする視点を持ってみてください。

Lesson
# 05
# 「自信」ってなに？

ここまで、「エネルギー」と「疲労」について見てきました。次は「自信」について考えてみましょう。

**「自信」とは、「自分はなんとかやっていけるだろう」という〝見積もり〟のことです。**

「自分はなんとかやっていけそう」と思えるなら「自信がある」、「自分はできなそう、やっていけそうもない」と感じるならば「自信がない」ということです。

つまり、**自信とは「自己イメージ」によって変化するもの**なのです。

## 「期待値」と「現実」の落差で自信を失う

自己イメージが悪いほうに、つまり自信がないほうに変化しやすいのが、「期待値」とのギャップを感じてしまうときです。言い換えると、「自分はここまではやれる」と思っていたのに（期待値）、実際はやれなかった、という場合です。**期待値が裏切られたとき、人はものすごく「自信」を低下させます。**

子育てに関して、特に女性の方々は、この期待値とのギャップで「自信」を大きく失ってしまっているようです。

「（本当なら）子どもはかわいくて仕方ないはず。でも……」

「私は子どもと遊んであげる明るいお母さんになれるはず。でも……」

「子育ても仕事もバランス良くこなして、充実した毎日のはず。でも……」

**子育てに漠然と持っていた幸せのイメージ（期待値）と、疲れ切った現実との落差で、内なる「自信」をすっかり低下させてしまっている方が多いのです。**

Lesson 06

# 自信が低下すると、ネガティブ感情がたくさん出る

人は「自信」が低下すると、自覚なくイライラします。

また、怒りっぽくなったり、不安が強くなったり、妬みの感情が生まれてきたりする人もいます。

中にはもの悲しくなって、なぜか涙が止まらなくなるという経験をする人もいます。

このように、自信が低下すると、いわゆるネガティブな感情がたくさん発生してきます。**それは今、弱って危険な状態にあるので、いろいろな感情を総動員して警戒し、事態を改善しなければならないと、体が認識するからなのです。**これは、ぜひ知って

おいてほしい、心のメカニズムのひとつです（Lesson07で詳しくお話しします）。

そして自信を失って、イライラ、怒り、不安などの感情がたくさん発生すると、今度は心身ともに消耗してしまいます。すると、結果的にその人の「エネルギー」もずるずると低下していってしまうのです。

## 「エネルギー」と「自信」は1セットの歯車

「うつ状態」にある人は、「エネルギー」と「自信」の低下が見られると言いましたが、この2つは自転車の両輪のような関係でもあります。

疲れて「エネルギー」が低下することで、「私はやっていけないかも」と「自信」を失っていきます。「自信」が低下することで、感情が沸き立ち、さらに消耗していって、「エネルギー」のレベルがさらに低下してしまう。

**「エネルギー」と「自信」は、両方が深くかみ合った、1セットの歯車のようなもの**だと考えてください。

ところで余談ですが、あなたの周囲で、何かと怒りっぽい人はいませんか。「どうしてこんなことに？」と思うような些細なことにケチをつけたり、常に「怒りのネタ」を探していたりするような人です。

こういう方は疲れているか、もしくは、本当は自信が低下している人だとも言えます。もしあなた自身が怒りっぽくなっているのであれば、「自分は思ってるよりも疲れて自信も失っているんだ」と自覚し、あとで紹介する「怒りのケア」（171ページ）をしてみてください。

Lesson
07

# 「感情」はあなたを守ろうとする機能

「エネルギー」と「自信」が低下すると、なぜ怒りや不安の「感情」がたくさん出るのか。疑問に思った方もいらっしゃると思います。

それは、**「感情」とは、その人を守ろうとする機能だからです。**

人が弱ると、たくさん「感情」が出て、これ以上自分がダメージを受けないように防御しようとしてくれるんです……と言うと、「え？」と戸惑う方もいるかもしれませんね。

ここで「感情」のそもそもの成り立ちについて、私が講演会や著書でいつも紹介している「原始人のお話」をしたいと思います。

## 原始の時代にさかのぼってみると……

原始の時代、荒れ果てた野で、ヒトは毎日飢えて、食べ物の獲得に追われていました。狩りに成功して今日わずかな獲物を獲得しても、明日ありつけるかどうかはわかりません。暑さ寒さ、渇水、嵐、洪水、動物やほかの部族の襲撃などもあり、いつ自分や家族が死んで、子孫が絶えてしまってもおかしくない、過酷なサバイバルの日々を送っていたわけです。

人類の歴史はざっと600万年とも言われています。その中で「感情」はヒトを生命の危機から守ってくれました。

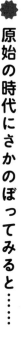

たとえば、猛獣が家族を襲ったら、一瞬で「怒り」の感情を沸き立たせ、敵に向かっていきました。髪を逆立て、こぶしを振り上げ、相手を威嚇して、自分よりも強い敵に立ち向かうことができたのです。

このような原始的な感情はほかの動物にもあるかもしれません。しかしヒトは、ほかの動物とは違う「ある感情」を発達させて、今日の繁栄を得ることになります。

**それが「不安」です。**

**「不安」の感情は、将来の危険を予測させました。**猛獣の気配、これから来るかもしれない嵐、食べ物を奪いにくるかもしれないほかの部族の存在など、必死に情報を集めさせて、危険に備えて準備させ、行動を起こさせてくれたのです。不安によってほかの感情は、数倍の力をもって私たちを守ってくれるのです。

このように「感情」とは、**立派な道具も武器も通信機器も持たず、裸同然でサバイバルする人類を守ってきました。**

では、それぞれの感情がどのように私たち人間を守ろうとしてきたのか。「感情」が持つ目的は、次のとおりです。

**〈「感情」が持つ目的〉**

- **怒り ↓ 敵を威嚇し、撃退する**
- **驚き ↓ 状況の変化に対応するため、情報収集しつつ体を準備する**

・恐怖 → 危険から逃げる
・悲しみ → 引きこもらせ、態勢を整える
・愛 → 仲間を作り助け合う、子どもを育てる
・恋愛 → 性行為に向かわせ、子孫を残す
・無力感 → 歯が立たないほどの相手から、距離をとらせる
・あきらめ → 無駄なエネルギーの消費を中止し、次の課題に向かわせる
・喜び → 安全・生存のために必要な物資などの情報を分かち合う
・妬み → 自分の取り分を確保する
・不安 → 将来を予測し、ほかの感情を強化する

私たちは「感情」に守られてきたから、ヒトという「種」として今日まで生き延びて来られたんだ、ということがおわかりいただけたでしょうか。

ところで現代は、食べ物も簡単に手に入り、猛獣に襲われることもない時代になりました。本能にプログラムされた「感情」は、現代人には少しばかり過剰になってい

ます。それで**私たちは感情を持て余し、翻弄されてしまう面があるのです。**

私は、人が「感情」をどのように扱ったらよいか、セルフケアの方法を「感情のケアプログラム」と名づけて研究、開発しています。この本では深く触れませんが、ご興味のある方は、ぜひ私のオンライン講座やこれまでの著書を参考にしていただければと思います（本書では、子育てに関連して、そのエッセンスを随時ご紹介していきます）。

「不安」の感情のおかげで
危険を予測できてヒトは繁栄した！

Lesson 08

# 感情をコントロールしようとしても難しい

感情について、ここでぜひ知っておいてほしいポイントがあります。
それは、感情を完全にコントロールしようと思っても、そうすればそうするほど、多くの場合に破綻してしまう、ということです。多くの方は、「感情（本能）」が持つ強力なパワーを読み違えているんです。

たとえば、
「子育てのイライラをなんとか解消したくて、アンガーマネジメントの本を読んで実践しているのですが、なかなかうまくいかないんです」

と話すお母さんがよくいらっしゃいます。

イライラ、怒りについては169ページなどでも触れていきますが、「アンガーマネジメント」など、怒りを管理、統制しようとする方法は、どんな人でもうまくできるときとできないときがあって、**「うまくできるとき」は極めて限定的**なのです。

たとえば「食欲」は本能ですが、多くの人がダイエットに失敗してしまいがちですね。お腹が空くという本能は、そう簡単にはなくせません。ダイエットはうまくいく場合とそうではない場合があって、健康的に成功させるためには、やり方をあれこれ工夫していく必要があります。

同じように、「感情も本能と同じように基本的にコントロールできないもの」と考えましょう。**「ただ我慢したり、押さえつけようとするのではなくて、その思いをきちんと受け取り、勢いを調節**（「感情をケア」すると言います）**しよう」**という発想のほうが、はるかに現実的で持続可能だし、無理がないのです。

Lesson 09

# 自衛隊で行う事前のケア「心の予防接種」

さて、ここまで、基本的な心のメカニズムについてお話ししてきました。

ワーママのみなさんに向けて詳しくお話ししたのは、正しい心がまえをしてほしいからです。正しい心がまえとは、正しい予測と準備のこと。ハードな状況の中にあっても折れないように、心に「予防接種」をするようなものだとイメージしてみてください。

自衛官時代、隊員たちが戦場や災害派遣など実際の現場におもむくときは、これから「心」に起こることについて、必ず事前に講習を開いていました。そして次のようなことを話していました。

「どんな強い人でも優秀な人でも、戦場に行ってなんの心がまえもなく戦ったら、あっというまに消耗して、うつっぽくなってしまいます。それは、人として当然の反応で、その人が弱いから、ダメだからというわけではありません。風邪をひいたら、だれもが咳や鼻水の症状が出るのと同じです。けっこう多くの隊員にその症状が出るのですが、みんな案外口に出さないものです。だから、もし自分に現れても、決してあわてないでください」

と説明した上で、次の「予測される症状」を示します。

**〈戦場や災害現場で予測される症状〉**

・イライラが強まる
・自分に自信がなくなる、自分を責めるようになる（自責スイッチ）
・ミスが増える、集中力がなくなる（＝パフォーマンスが落ちる）

**・ネガティブなことばかり考え、眠れない**

**・人と接するのを避けたくなる**

**・「死にたい」「消えたい」という気持ちが生じる可能性もある**

「これらの症状は、いずれもエネルギーを消耗したことによるものです。対処が早いほうがいいので、自覚したら、速やかにメンタルヘルスケア部門に申し出てください」

と、指導します。

さらに、自衛隊の現場では死体を見たり、目の前で人が亡くなったりと、過酷な場面に遭遇することも多いもの。そこで、ショックなできごとに遭ったときに起こり得る反応についても、事前に説明しておきます。

**〈ショックなできごとや場面に遭遇したときのよくある反応〉**

**・不眠、食欲不振になる**

**・ショックなシーンの反復**（フラッシュバック）

- **できごとの話題を避ける**
- **イライラする、音やにおいなどの刺激に過敏に反応する**
- **自分を責める、自信を失う**
- **強い疲労感**
- **過剰な不安**

「これらは、一時的なショック反応です。ベースにある疲労があまり深くなければ、こうした症状は1カ月くらいで治まってきます」と、隊員たちに教えておきます。さらに、「自分で不調に気づいたら、ぜひ心理幹部のもとへ。一緒に対処法を考えましょう」と付け加えます。

以上のことが、自衛隊員たちに指導していた、いわば「**心の予防接種**」です。そしてこれが、**自分に対する「期待値」を下げることになる**わけです。

事前に「現場とはそういうものなのだな」と知っておけば、不眠になっても、「自分だけではないんだ」と、あまり自信を失わないで済みます。

Lesson 10

# ワーママこそ「心の予防接種」を

今の子育ては戦場です。現場にいるワーママたち、また、これから戦いに入るプレママたちにこそ、ぜひ「心の予防接種」をして備えてほしいと思います。具体的には、次の2つを備えることで、これから起こり得る危機もぐんと乗り越えやすくなります。

**〈ワーママの「心の予防接種」〉**

① 疲れが溜まると、心にどんなことが起こりやすくなるのか。心の基本のメカニズムについて、知識を備えておく。

② 「自分が調子を落としたときにどうしたらいいのか」の対処法を持っておく。

①は、このSTEPで紹介させていただきました。②については、STEP2、3を踏まえて、STEP4で具体的にお話ししていきます。

最後に補足すると、自衛隊の講習で説明する「ショックなできごと」（56ページ）とは、戦場や災害現場で起こる「悲惨なこと」だけではありません。**子育てにおいても、まさに「ショックなできごと」は起こりやすいです。**

どんなご家庭でも、たとえば子どもから「お母さんなんてキライ」と言われた、子どもに手をあげてしまった、子どもがいじめに遭っていた（いじめをしていた）、パートナーとけんかした……など、日々何かしら予想外のできごとは起こるものです。

ご自身の疲労が深くなければ、そのできごとは、ある程度、まあ普通に乗り越えていけるでしょう。でも、もしすでに疲労2段階（34ページ）にあれば、同じショックなできごとでも、心の反応は2倍になりますし、3段階ならば3倍になります。

「お母さんなんてキライ」の一言に、傷つくけれどリカバリーできるか、それとも2倍、3倍傷ついて夜も眠れなくなるのかは、その人の、そのときの「エネルギー」のレベルによる部分が大きいのです。

## STEP1のまとめ

□人は疲れると、どんどん「うつっぽく」なっていきます。
□ワーママは自分が思うよりもずっと疲れています。
□今、感じているイライラ、怒り、不安は、疲れているせいかも。
□「自分自身のケア」がすべての土台。
「自分自身のケア」の知識とスキルを持ちましょう!

# STEP 2

# そもそも子育て環境が無理ゲー!?

## ——戦況分析

Lesson 11

# 親世代よりもハード！現代の子育て事情

ＳＴＥＰ2では、みなさんが今、どんな環境で子育てをしているのかを客観的な目でチェックしていきましょう。

最初にお伝えしておくと、今の子育ては昔の子育てよりも、お母さんたちにとっては、なかなかつらいものになっています。

では、そのつらさは何からくるのか？　今の子育て環境とはどんなものなのか、つまり「戦況」を正しく認識しておくことで、この後の「戦い方」が変わります。

ちなみに、ひとつの問題を考えるとき、その前提をきっちり抑えることはとても重要です。たとえば今、小学校の教室にはエアコン設置が進んでいますが、ご年配の方の中には、これが気に入らないと話す方がいるようです。

「俺たちは、汗をかきながら勉強したものだ。今の子たちは弱いな」

などと言うのです。

しかし、地球の平均気温自体が変わってしまっているのです。教室にエアコンをつけるかどうかは、忍耐力の問題ではなくて、健康や命に関わってくる話になりました。前提とするべきデータが、昔とは違ってきているのです。

同じように、子育てについて考えるときも、いや、**子育てこそ、みなさんの親世代、もしくは祖父母世代が経験してきたことと「前提」が変わってきています。**

その中で、どのように健全な子どもを育て、自分自身のケアをしていくか、ちゃんと現実に合った方法を考えていかなければなりません。

まずは、見えづらい「つらさ」について、チェックしていきましょう。

Lesson 12

昔とは違う

子育て

環境①

# 核家族化でお母さんの負担と不安が増えている

今、子育てをしている人に大きく影響している要素のひとつは、日本の核家族化がさらに進んだことです。

おじいちゃんおばあちゃんと一緒に住む人は少なくなり、親とその子どもだけで住んでいる、という家庭が主流になっています。少子化が進んでいるので、きょうだい・いとこ、はとこの人数も減り、親戚などとのつきあいも減っています。

核家族で生きていくということは、自分たちのライフスタイルを貫けるということ。自由度も高いし、わずらわしい親戚づきあいもなく、嫁姑問題に悩むことも減るでしょうから、精神衛生上、良い面もあります。

しかし、子育て環境として考えると、どうでしょう。

子どもを世話する手と見守りの目が、物理的に減ってしまいました。

たとえば赤ちゃんがいる人は、

「トイレに行く間だけ、1分でもだれかが見ていてくれるだけで助かるのに」

と思ったこともあるでしょう。少しの手、少しの見守りだけでも、日常的にとても助かるものです。

もちろん、今だって保育園や子育て支援センターなどがあるにはありますが、24時間利用できるわけではありません。**今のお母さんにとっては、それだけ子どもの世話や生活の負担が、物理的な総和として増えている**のです。

また、周りに子育てに関わる人が少ないということは、お母さん自身が1人で決断したり、行動したりすることが多い、ということ。いわゆる「ワンオペ育児」です。**ワンオペ育児は体力的に消耗するだけでなく、何かと不安や孤独感を感じやすくなるものです。**今は家電が進化して、家事などはぐんとラクになっているはずです。でも実際は、お母さんたちの心理的な負担感が大きくなってしまっているんです。

Lesson 13

昔とは違う

子育て

環境②

# 晩婚化で子育てが「35歳クライシス」に丸かぶり

結婚、妊娠・出産、子育てに関わる女性の年齢が上がってきていることも、無視できません。ここで、私がよく講演会などで紹介する「35歳クライシス」についてお話ししましょう。

67ページの図の実線は、医学的なデータではありませんが、私たちの元気度の変化イメージです。疲れたときの「回復力」だと思ってもいいです。35歳くらいまでは、どの方もまあ普通に保っていますね。ところが、だれでも年齢とともに、体力や困難な物事への対応力などの「回復する力」は、自然に落ちていきます。

**年齢と回復力**

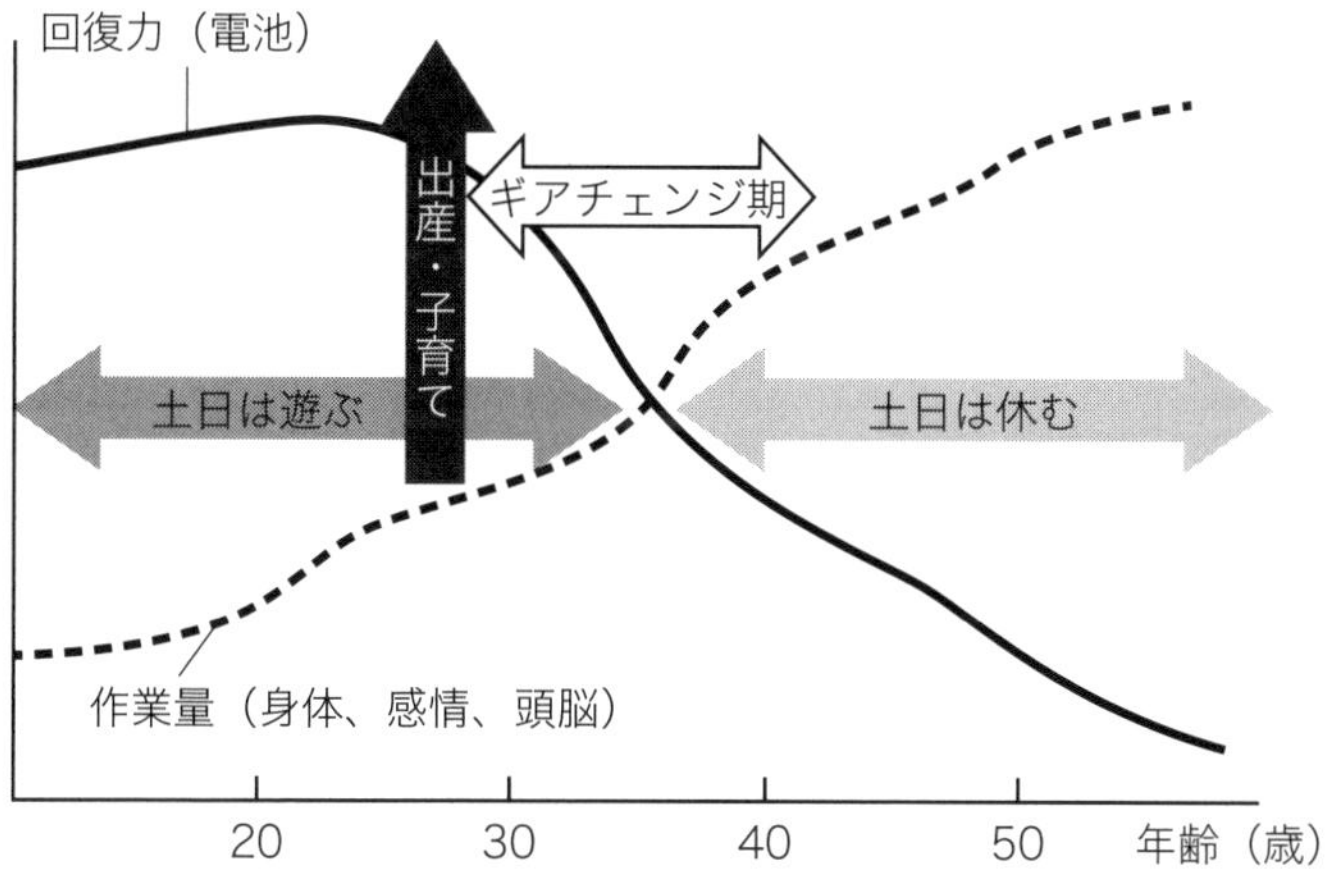

一方で、社会的な責任や仕事など、「やらねばならぬこと」が年齢とともに増えてくる。それが「作業量」として示した点線です。年齢とともに社会的な責任が多くなっていきます。若いうちは自分のことだけやっていればよかったのですが、年齢を重ねるほどに責任も仕事量も増していきます。

すると、活動と休息のバランスが変わってきます。20代のうちは、平日は一生懸命働くけれど週末は遊んでストレス解消してバランスをとっていた人も、30代に入ってくると、そうはいかなくなります。週末の活動的なストレス解消で、結局疲れを増やしてしまうようになるのです。次第に、週末は「疲労を解消する」ことを重視した穏やかな過ごし方をするように、バランスを調整していくのです。

**このバランスの変換時期が、およそ「35歳」。この年齢の前後で、だれもがバランスを崩しやすくなる、いわゆるクライシス（危機）に陥りやすくなります。**

さて、ここで注目してほしいのが、出産と子育ての時期の変化です。出産は命がけであり、ものすごくエネルギーを使うもの。昔は20代で経験する人が多かったですね。

ところが、現在、第1子出産の平均年齢は30・7歳（厚生労働省 令和3年度「出生に関する統計の概況」）。子どもを産み、それに続く子育ても、昔より年齢が上がってから取り組むことになります。

つまり、**人生のギアチェンジをするべき「35歳クライシス」に、子育て期間が丸かぶりになってくる**のです。昔は「若さ」で乗り切れていた子育ても、そうはいかなくなっている。この意味で、現代の女性は、昔よりもリスクを負ってしまっていると言えます。

Lesson 14

昔とは違う

子育て

環境③

# 女性のタスクの総量が増えすぎている

核家族化と晩婚化（出産の高齢化）。

この要素だけでも、今の子育ては、かなりお母さんたちに負担を強いる構造に寄っています。

子どもの世話を担う「手」は少ないし、出産年齢が上がり、お母さん自身、若さに少しずつ陰りが見え始める中で、子どもを育てなければならなくなっています。さらに女性の社会進出が進み、ワーママたちには、この状況にさらに仕事やキャリアのことが乗っかってきます。

子育て、家事、仕事。

**今の女性たちは「やるべきこと」**（作業量）**の総量が、親世代のそれよりも、確実に増えているのです。**

子育て中のクライアントさんと話していると、

「私が今こんなに大変なのは、自分の能力が低いから……」

「家事や仕事、子育てのスキルをもっと身につけて、自分のキャパシティーを広げなくては……」

などと思いつめている人は、少なくありません。今この本を読んでいる方の中にも、そのような思いに苛まれている方が、きっといらっしゃるでしょう。

でも、そうした考えは、ぜひとも訂正してください。

現代の女性たちは、そもそもタスクの総量が昔より増えている……、いえ、厳密に言うと、増え過ぎている、それが事実です。

ワーママたちの「キャパオーバー」は、個人の能力ではなく、社会の構造なんです。

Lesson 15

昔とは違う
子育て
環境④

# 子育てを自分のパフォーマンスとして考えてしまいがち

今のお母さんたちの、見えづらい「つらさ」。そのひとつには、子育てが昔よりも特別な体験になったこともあります。

昔は子どもの数が多かったので、子育て自体、あまり特別なものではありませんでしたが、今は出生数が減少し、少子化が加速しています。その分、1人の子どもに向けられる親の注目度は上がっていて、お父さんお母さんたちは、一生懸命、子育てに取り組みます。それ自体はよいのですが、一方で、うっかり陥りやすい「理想の子育てトラップ」になっているように感じるのです。**まるで自分のパフォーマンス結果として、子育てをチェックしてしまう方が少なからずいらっしゃるからです。**

とは言え、これはある程度、仕方のないこと。人はエネルギーを使用(拠出)したら、その分の報酬や見返りを欲しがる生き物です。子育てもがんばったらがんばっただけ、成果として「いい子」「思いどおりの子」に育ってほしくなってしまいます。

でも、子どもは、お父さんやお母さんと同じ、ひとりの人間です。親が努力したからと言って、親の思うような成長を遂げるとは限らない。というか、まず思いどおりにならないし、思いもよらないことのほうが多く起こるものです。たとえば、そもそも「女の子が欲しい」と思っていても、男の子が生まれることもあるし、サッカーをやらせたくても、我が子は運動が苦手かもしれないのです。愛情いっぱいに育てたから、正しくしつけたからといって、その子の人生が順風満帆に行くとは限りません。

と、頭では理解していても、**一生懸命子育てに取り組んでしまう分、どうしても期待値が上がってしまう。でも思うような成果が得られないと感じたとき、自分自身の子育てが失敗だったのではないかと不安になり、自信を失っていく。**

現代の子育て環境では、そんな方が増えているように感じます。

Lesson 16

昔とは違う
子育て
環境⑤

# 子育てに「慣れる」という勘違い

今のお母さんたちが抱えるつらさについて考えるとき、気になることがもうひとつあります。それは、お母さんたちが持つ「子育てはやがて慣れるもの」という思い込みです。

「1人目はいろいろ気になって神経質になるけれど、2人目、3人目はどんどん慣れて、おおらかに育てられる」

とは、よく聞く話ですね。もちろん、ひととおりの経験と知識ができると、子どもの世話に熟練していくというのは事実でしょう。

一方で、この言葉をそのまま鵜呑みにしないでほしいと思うのです。「1人目で慣れたから、2人目はもう大丈夫。ラクにできる（はず）」と、**自分への期待値を無意識に高めてしまう恐れがある**からです。実際の子育てに苦労するとき、この期待値とのギャップで不必要に自信を失ってしまい、落ち込んでしまう方が少なからずいらっしゃるんです。

1人目は、親となって、初めての体験が続きます。そして2人目は、「1人目を育てながらの子育て」という、初めての体験になります。3人目以降も同じです。また、日ごとに子どもはどんどん変わっていくし、自分も周囲の環境もどんどん変わっていくものです。常に状況は新しく、いつも「初めての体験」なんですね。

どの子育ても、特別で、難しいものなのです。

上手に、楽に、完璧にできることをイメージしすぎないようにしましょう。

Lesson 17

昔とは違う
子育て
環境⑥

# 親の世代はまだ子育てしやすかった

今のワーママたちが抱える潜在的なしんどさに、その親の世代の方々はあまり共感できないかもしれません。なぜかというと、親世代やそれより上の世代がかつて子育てをしていたころは、今よりもまだ、「子育てしやすかった」から。世の中に子どもの数が多く、子育てについて寛容で、お互いに支え合う社会のムードがあり、さらに、親自身にもエネルギーの余裕があるうちに、出産と子育ての時期を迎えていたのです。

もちろん、ご年配の方々にはそれぞれに、その時代なりの大変なご苦労はありました。「つらさ」だけをとって、単純に比較することはできません。

しかし、ここまでお話ししてきたとおり、今は核家族化、晩婚化などの要因もあり、さらに共働きの人が増えたことで、ワーママのメンタル面においてはかなりきついことが増えています。過去の親世代の子育てにはない、ハードさが生じているのです。

## 親の支援を受けると自信を失う?

みなさんの中には、子育てと仕事を両立する上で、自分や夫の両親に手伝ってもらっている、という方もいらっしゃるでしょう。こうした支援はおおいに助かりますし、エネルギー的にはとてもありがたいこと。その間に残業できたり、自分の時間が確保できたりと、心身を実際に助けてくれるでしょう。

けれどもその一方で、

「親が関わると、かえって疲れてしまう」

「じつはあまりうれしくない。口出しされるのはイヤ」

と話す方は、案外多いんです。

これは、自分の本当のしんどさを、親にはわかってもらえないからだと思います。

中には、自分の親から
「保育園に預けるなんてかわいそう」

「仕事をするのもいいけど、もっと子どもに向き合いなさい」

などと言われたりして、子育てや仕事をめぐるスタンスが食い違い、いつも口論してしまう、と話すクライアントさんもいます。


こういう方々の悩みを聞いていると、じつは**本人自身も気づかないうちに、親の子育てを基準にして自分の子育てをとらえてしまい、悩んでいる**ように思います。

たとえば、

「母のようにご飯を3食手作りにするべきだけど、自分はできない」

「本当はもっとニコニコして子どもに接したい。でも自分は疲れていて、イライラしてばかり」

「もっと子どもと向き合う時間をとりたい。でも仕事もあるし無理」

などです。

3食を手作りすることができたのも、子どもにニコニコ接することができたのも、昔、余裕があったからできた面はあるのです。**女性のタスクの総量が増えた現代において、ワーママになかなか時間がないのは当然のことです。**

でも自分がそのように育てられたから（家庭によってはそうしてもらえなかったから）「正しい子育てとは○○すべき」と、自分で自分を縛っている。

それでそのようにはできない現実と比較して、自分を責め、自信を失ってしまう。

そんなつらさも、今の子育て世代は抱えやすくなっているのです。

Lesson 18

# 男性のスペックは育児に向かない？

女性の社会進出が進むとともに、国は男性の育児参加を推し進めています。いわゆるイクメン（育児に積極的に関わる男性）が増えるのはとても良い傾向で、私は基本的には大賛成です。

しかし、男性の育児参加が、女性に偏っている負担を大幅に軽減するような、すばらしい特効ケアや解決策になるかというと、今の時点では、なかなか難しい面があるのではないかと思います。残念ながら男性とは（特に日本で生まれ育った男性とは）今のところ、育児に向くスペックを備え切っていないからです。

例えて言うと、**女性と男性とでは、スポーツカーとブルドーザーくらい、適性が違っている**と思っています。それぞれ利点と欠点があるのです。子育てが「土砂運び」だとすると、ブルドーザーにスポーツカー並みの機敏さで、適所に適量の土砂を運んでほしいと言っても無理なものは無理なのです。

もちろん、これから社会が変わり、意識が変わり、男性側も経験とスキルを磨いていけば、変わってくるとは思いますが……。今は社会的にもスタートしたばかりで、まだ時間が必要だと思います。

## 「言われないと気がつかない」夫に期待するのはナンセンス

今まさに忙しいワーママにとっては、男性がブルドーザーだろうがなんだろうが、使える手は使いたい！ というところもあるでしょう。

そこで、私が男性を代表して(?)、女性のみなさんに、男性の操縦術のポイントをお伝えしたいと思います。

まず、ごく平たく言うと、男性は言われたことはできるんです。しかし言われていないことはできないし、気がつくこともありません。

そこで、女性のみなさんは、

「男性とはそういう機能のマシーンなのだ」

と思って……というか、そのように「あきらめて」いただくのがいいと思います。

そして、**育児や家事のやるべきことは、面倒でもいちいち具体的に言葉にして、お願いをしていってほしいんです。**

「えー、いちいち私が言わなきゃいけないんですか？　面倒だし疲れるんですけど」と思うかもしれません。でも男性は、先回りをしたり、察したりということが、基本的に苦手です（もちろん、中にはそうでない方もいらっしゃいますが）。

そこは、ぜひ女性のみなさんがひとつ上の視点に立って、夫やパートナーを上手に〝乗りこなして〟ほしいんです。

パパに期待したくても、現実はなかなかそうもいかない……。そのようなとき、女性はイライラを溜め込んでしまいます。溜め込んだイライラはやがて、怒りの大暴発につながります。

ご自身のメンタルを健やかに保つためにも、ぜひ男性と女性の違いを頭に入れておくことをおすすめします（男性の特性については、200ページのQ＆Aもぜひ参考にしてください）。

Lesson 19

# コロナ禍の出産・子育ては疲れを溜めやすい

ここまで、今と昔の子育てを比較してきました。ここでいう「昔」とは、ざっくりみなさんの親世代、またそれより上の世代を主に想定しましたが、ほんの10年前ともガラリと違ってきています。さらに、新型コロナウイルス感染症の流行で、ここ数年の変化にも激しいものがありました。中でも、コロナ禍に出産を経験した人たちは、これまでにない「キツさ」があったのではないかと感じています。

そもそも女性にとって、妊娠、出産とは命がけのこと。38ページの「ライフイベントのストレス」表で見ても、「妊娠」はスコアが「40」、「家族の増加」は「39」と、たいへん高くなっています。コロナ禍に出産した方々は、本来の負担の高さに加えて、神経を使いながら出産の日を迎えました。また、立ち合いや面会も制限される中で、1人での出産は、恐怖や不安、孤独感がより強かったことと思います。

また、それに続く子育ても、コロナ禍で乳児を連れて出歩いたり、人に会ったりするのも、これまでとは違う気の遣い方を強いられた人も多かったのです。**もともとエネルギーを消耗するライフイベントで、さらに消耗を強いられました。**疲労に加えて、スタート時点で恐怖や不安を感じたことで、子育て全体に、うっすらとしたネガティブな記憶やイメージを刷り込んでしまった方も、少なくはないと思います。

**子どもを育てること自体に警戒心があると、それだけエネルギーを消耗しますし、自信も失いがちになります。**

と言って、みなさんを脅したいわけではありません。むしろ、今これを読んでいるお母さんが、ご自身が思っている以上に疲労を溜めている、その社会的な影響を知ってほしいんです。そしてもし**今、子育てなどで悩んでいるなら、個人のスキルや性格などではなく、「疲労」の要素が大きい**ことを知っていただきたいと思います。

Lesson 20

# 「子育て＝幸せ」のイメージのひとりあるき

子育て＝幸せ。
世間のみなさんは、無邪気にそう思いすぎている、と私は強く思っています。

子どもを慈しむ私。
充実した子育てライフ。
仕事と両立して、キラキラする私。

SNSやメディアでは「前向きな私」「がんばっているママ」の情報がどんどん流れ

てきます。今、子育てのバラ色のイメージは、ひとりあるきしてしまっていないでしょうか。

もちろん、子育てとは本来楽しいもの。子どもの寝顔や仕草のかわいさはなんとも言えず愛らしいものですし、親として成長することは、知らなかった喜びをもたらしてくれるものです。**でも、「子育て＝幸せ」とは、お母さん自身のエネルギーと自信に余裕があるときに感じられること。**

現状、コロナ禍を経て日本の経済は停滞し、出生数も80万人を下回りました。近年、女性は増えすぎたタスクの中で疲労しています。端的に言って、今の子育てって、そのままでは相当キツイ。ここまで述べてきたように、お母さんたちを疲れさせ、自信をなくさせてしまう要素が多いのです。

そんなメカニズムがあるのに、当の本人たちは、**つい世間のイメージと比較してしまい、できない自分を責めてしまう。それが多くの子育て中のお母さんたち、ワーママたちのメンタルを追い詰めている**と、私は考えています。

まずは、このSTEP2で今の社会、現状を分析し、

「現実はそういうものなのだ」

と思えること。

そこからワーママ自身による「自分自身のケア」がスタートします。

**STEP2のまとめ**

□今の子育て環境では、昔と違って、お母さんの負担も不安も大きくなっています。
□本当はつらいのに、「子育て＝幸せ」というイメージがひとりあるきしてしまい、お母さんは現実とのギャップで悩みやすくなっています。
□自分のいる環境の厳しさを把握して、「現実とはそういうもの」と思えること。そこからスタートしてきましょう。

# STEP 3

# 自分の戦力をチェックしよう

——戦力分析

Lesson 21

# 自分の子育て戦力のレーダーチャートを作る

STEP2では子育てをめぐる環境を概観しました。STEP3では、あなた自身をチェックしていきましょう。あなた自身が、ストレスがかかったときにどのくらい戦えるのか。だれを、何を頼れるのか。自分の持つ「戦力」を把握しておくのです。

あなたの強いところは何か、弱いところはどこか。

また、調子を崩したときには、どうすればいいのか。

「自分なりの対処法があるかどうか」、これがものすごく大事です。**自分なりの対処法がすでにある人は、どんなハードな場面でも強いですし、メンタルもしなやかに保っていける**からです。

私からすると、あまりにみなさん、無防備に子育てに突入していくように感じます。現代の子育てはもはや戦場なのに、軽装で突っ込んでいってしまう感じなんです。

私たちは出かける前に、雨が降る確率が高いと知れば、折りたたみ傘を持っていくでしょう。もし出先で雨が降ってきても、傘1本あればあわてなくて済みますし、濡れることもありません。

同じように、だれでも疲れればうつっぽくなりやすくなります。産後うつや育児うつなどは予想されても、傘（＝備え）を持っていれば、あわてないで済むんです。

## うつ状態の経験のある人が「じつは強い」理由は

「自分なりの対処法があるかどうか」という観点では、過去にうつ状態を経験した人はじつは強いです。調子を落としたら「心療内科に行けばいいんだな」「まずは3日間、仕事を休もう」などと、過去の経験をもとに知識や自分なりの行動プランを持っていることが多いからです。一方で、うつっぽくなる事態を全く想定していない人の中には、対処のアイデアを持っていないばかりか、ただ単にひそかに恐れているだけ、という人もいます。こういう方は「うつ」と聞いただけで、なんだか具合が悪くなってしまう。また**「私はうつなんかにはならない。そんなにメンタルは弱くない」「心療内科やカウンセリングなんか行ったら負け」などと考えてしまう**んです。

ここまでみなさんにお話ししてきたとおり、「うつ」とは現代人の場合、疲労のこと。現代のワーママは、いつ、だれが「うつ状態」に陥ってもおかしくありません。**厳密に言うと、ワーママのみならず、特にコロナ禍を経た今、日本人全体が「1億総疲労状態」ですから、うつっぽくなる可能性はだれもが持っています。**

だからこそ、今ここで、ぜひ備えなくてはなりません。

自分自身をチェックすると言っても、決して難しいことではありません。まずは次の2つの観点から自分自身を振り返りましょう。そして自分のレーダーチャートを作るように、ざっくりと把握していけば大丈夫です。

**〈戦いに備えるセルフチェック〉**

**① 自分のストレス対処能力は？**

**② いざというときに助けてくれる支援環境は？**

# Lesson 22

戦いに備える
セルフ
チェック①

## 自分のストレス対処能力は？

人はそれぞれ本当に違うものです。

たとえば、睡眠不足がこたえる人もいれば、あまり寝なくても大丈夫な人もいますし、空腹がかなりのストレスになる人など、調子が悪くなるにも、いろいろなタイプやストレス耐性があります。

心身の調子を崩したとき、あなた自身がどのくらいのストレス対処能力を持っているのか、次のページのチェックリストで確認してみてください。

〈ストレス対処能力チェックリスト〉

□ 体力はあるほうですか？　どちらかというとないほうですか？
□ 睡眠不足に強いですか？　どちらかというと弱いですか？
□ 過去に病気をしたあとにどれくらいで回復しましたか？（回復が早ければ「体力があるほう」と考えられます）
□ 出産の状況、産後の肥立ちは良かったほうですか？（難産だった人は現在、身体的には疲労が残っている可能性が高いです）
□ 過去にうつっぽい状態、うつ状態を経験したことがありますか？（ある人は、対処法のイメージができている、知識があると考えられます）
□ うつ状態についての知識がありますか？
□ 「この症状が出たら、疲れている」など、自分なりの疲労サインはありますか？
□ 38ページの「ライフイベントのストレス」表のスコアはどのくらいでしょうか？（不調になる可能性がわかります）

ちなみに、自分のストレス対処能力が低そうだからといって、ガッカリしないでください。ここでの目的は、自分で自分のことをちゃんと把握することです。正しく自分を把握している人ほど、戦場で戦っていけるからです。

少し想像してみればわかると思うのですが、「自分は強い」と豪語している人ほど、案外ハードな場面に遭遇するとビビってしまい、そんな自分にショックを受けてしまったり、受け入れられなかったりします。

**「自分は弱い」と知り、どのあたりが弱点かをちゃんと把握していると、逆に「そんなもの」と思っているので、現場ではしぶといし、強いものです。**

睡眠不足に強い or 弱い
体力はある or ない
Zzz
大切なのは自分のストレス対処能力を知ること!!

Lesson 23

戦いに備える
セルフ
チェック②

# いざというときに助けてくれる支援環境は？

次に、いざというときに助けてくれそうな、あなた自身が持つ「支援環境」について振り返ります。「お金」「労力（時間）」「メンタル」の3つに分けて、見てみましょう。

**〈支援環境チェック① お金編〉**

- □ 自分の預金はいくらですか？
- □ 夫の預金はいくらですか？
- □ 実家から経済的支援を受けられますか？
- □ 義実家から経済的支援を受けられますか？

□ **国・自治体の支援制度でもらえるお金はありますか？　それはどのくらいの金額ですか？**

世の中にはお金で解決できることがとても多くあります。ところが人はひとたび「うつ状態」になると不安が強くなって、特に現代人の場合は「お金がない。私は使ってはいけない」という思考に流れがちなんです。**これはとてもよくある現象で「貧困妄想」とも呼ばれています。**

そこで、ここに挙げた項目にしたがって具体的な金額を出していくことで、漠然とした不安を減らし、貧困妄想がふくらんでしまうのを防ぐことにつながります。

## 〈支援環境チェック②　労力（時間）編〉

いざというとき、子育てや家事、仕事などを担ってくれる、あなた以外の「労力（時間）」の担い手を振り返ってみましょう。

□ **夫・配偶者・パートナー**

□ 家族
□ 親族
□ 実家
□ 義親
□ 保育園・幼稚園・学童の先生やスタッフ
□ 自治体などの子育て支援団体の関係者
□ 子育ての先輩
□ ママ友
□ 自分の仕事をフォローしてくれそうな上司、同僚、部下
□ その他（具体的に）

**〈支援環境チェック③　メンタル編〉**

もし、あなたが落ち込んだときやうつっぽい状態に陥ったとき、メンタル面で支えてくれる人はいますか？　相談できそうな人を挙げてみましょう。

□ **夫・配偶者・パートナー**
□ **家族**
□ **親族**
□ **実家**
□ **義親**
□ **保育園・幼稚園・学童の先生やスタッフ**
□ **自治体などの子育て支援団体の関係者**
□ **子育ての先輩**
□ **ママ友**
□ **その他**（具体的に）

　ここであなたの相談相手を挙げてもらいましたが、実際には、相談したことで、かえって落ち込んでしまうことも少なからずあります。人に相談するときのちょっとした「コツ」については、このあと137ページで紹介しますので、こちらもあわせて参考にしてください。

## 元気なうちに自分の「持ち物」を点検しておく

ここまで、自分自身のストレス対処能力を、なるべくフラットに見られるように、チェック項目を挙げてみました。いざ、自分の心が不調になったとき、どのあたりが強みで、どのあたりが弱みになりそうでしょうか？　弱みになりそうな項目について、元気なうちに（理想的には子育てが始まる前に）手を打っておけるといいですよね。

子育ては、予測不能なできごとの連続です。渦中にあると、とにかく目の前のできごとに対応するので精一杯になってしまいます。

つまり、ほとんどの方が圧倒的に乏しい戦力で、戦おうとしているんです。

ですから、とにかく**余力のあるうちに、自分自身のことを振り返って把握した上で**（「心の予防接種」のひとつでもあります）、**「子育て戦場」に向かうのが理想的**です。

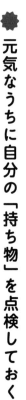

Lesson 24

# すでに調子が落ちている人も「戦力分析」を

この本を読んでいる方は、もうすでに余力ゼロ、という方のほうが多いかもしれません。でも、そういう方でも、ほんの少しでいいので、自分自身を振り返る機会を持ってほしいと思います。

**「私の子育てって、大変なんだな……」**

**このようになんとなく認識できるだけで、だいぶ自分自身を〝許せる〟イメージになっていくのではないでしょうか。**

多忙を極めるワーママたちは、忙しさゆえに客観的な目が曇ってしまっていて、そのせいで苦しんでいるとも言えます。

たとえば、子どもが「もっと遊びたい」と泣いている場面があるとしましょう。疲れているワーママは、その泣き声を、まるで自分を責めているように感じてしまいます。「子どもと遊べるママでありたい」という無意識も刺激されて、苦しくなってしまう。そして、そんな自分の気持ちを我慢して、ダメ出しを繰り返しているうちに、「子どもとうまく遊ぶことができない私」がクローズアップされ、それが子育ての大問題、人生への苦悩へと発展していってしまいます。

**しかし、第三者が見たら、子どもと遊んでいられないほど、お母さんは疲れていて当然なんです。**

その上で、もし「自分は睡眠不足に弱い」と先にわかっていれば、今は悩むよりも、ちょっとでもだれかに預けて寝たほうがいい、と判断できますよね。

子育ての大問題、人生の大問題は、人によっていろいろなものがありますが、どの大問題も、同じメカニズムから生じています。

プロローグでもお伝えしましたが、人は問題があるから心が不調になるのではなくて、心が不調になるから問題が生じてくる、という面があります。

だからこそ、**調子が落ちたときに、回復するための自分なりの対処法を持っておけるかどうか。それが、メンタル面での大きな分かれ目になります。**みなさんが南の島で優雅なバカンスを過ごしているのならいいのですが、現代の子育ての実態は「無理ゲー」なのですから。

STEP3では、自分自身の持っている「戦力」について振り返りました。

次のSTEP4では「自分なりの対処法」を持って、いざ現場でどのように生かしていくのか、具体的に考えていきましょう。

## STEP3のまとめ

□今、子育てをしている人は、いつ、だれが「うつ状態」に陥ってもおかしくありません。

□①自分のストレス対処能力、②いざというときに助けてくれる支援環境、をチェックしておきましょう。自分のことをわかっておけば、賢く戦っていけます。

□「調子が悪くなったとき、どうしたらいいのか」という、自分なりの「対処法」を持っていれば安心できます。

# STEP 4

# 子育て戦場での戦い方

## ——実践編

Lesson
25

# 自分の中に「クールな指揮官」を持つ

ここまでの「子育て環境の振り返り」「自分の戦力分析」を踏まえて、STEP4では子育て戦場での「戦い方」をお伝えしていきます。

突然ですが、親子で飛行機に乗ったときを想像してみてください。

何かトラブルがあって緊急降下となったら、乗客や乗員の前には、酸素マスクが降りてくるシステムになっています。その使用ルールが、世界の航空会社で統一されているのをご存じですか。

それは、
「子連れの親は、子どもにつける前に、まず自分が酸素マスクをつける」
というものです。

親心としては、子どもに真っ先に酸素マスクをつけたくなるかもしれません。しかし、まず親自身の安全を確保することが最優先なんです。**親が意識を失ってしまったら、結局子どもを助けられない**からです。

子育ても同じです。

コトが起きたとき、子どもの心を守るためには、まず、**親がしっかりと自分自身の心を守っていかなくてはなりません。**子育てには想定外やトラブル、思ってもみなかったできごとがつきものです。しかし、そのたびに動揺して巻き込まれていたら、お母さん自身が消耗していってしまいます。

しかも10年以上は続く「長期戦」なのです。短期戦ならば、現場の隊員の〝勢い〟や〝元気〟が重要ですし、それでなんとか乗り切っていける部分も大きいでしょう。しかし子育ては長く続く戦いです。**長期戦に必要なのは、常に全体を見渡す視点です。**

たとえば、最前線で指揮官が
「あいつがやられたぞ！　やり返せっ」
などとカーッとなっていたら、その部隊は負けてしまいます。
ですから、ある程度の上級指揮官は最前線にはあまり行きません。後ろに控え、戦況を常に見極める。そして、冷静な「配置」をしていく。そんな指揮こそが、戦いのゆくえを左右していくのです。

**子育ての戦場では、お母さん自身が、自分の中に「クールな指揮官」を持つ。**

**そして全体を見渡し、ときに冷静な判断をして、自分自身の心を守っていく。**

それが、自分の人生を守り、そして同時に、お子さんの心と人生をも守っていくことにつながります。

仕事遅れちゃう!!
こんなときこそ冷静な判断を!
まだ15分の余裕がある。まず下の子のオムツを替えてから上の子に対応するんだ!
クールな指揮官
ママーでちゃったー〜〜〜
きょうはほいくえんいかなーーい

Lesson 26

# 最終目標は「ママがうつにならないこと」

さて、クールな指揮官は、常に最終目標を意識しています。

本書でも、現代の「子育て戦場」におけるブレてはいけない「最終目標」を、明確に示しておきたいと思います。

それは、子育てをしていくにあたり、

「ママがうつにならないこと」

です。

言い方を変えると、「ママがうつになる」のが、一番避けなければならない事態。

子育てをしていく中で、どのようにすればママ自身がうつにならないで済むのか。このステップでは、その方法を考えていきます。


「元気ハツラツなお母さんになる」

「いつもニコニコしている優しいママになる」

「仕事も子育てもバリバリこなして、人生を充実させる」

などといった目標は、ここでは掲げません。条件のいい方の個人的な目標としてはあり得るかもしれませんが、「無理ゲー」で表現した現代の子育てでは、一般的ではないからです。**十数年先、子育ての最終ステージまで、お母さんが倒れずにいて、うつにならないこと。それが子育て戦場における、最重要かつ現実的な目標なんです。**


私は30年以上、多くのクライアントと、その親子関係に寄り添ってきました。

経験上、「お母さんが〝うつ〟になる」というケースは、そのお子さんにとっても影響が大きいのです。

子どもにとって、お母さんとは、この世界の最初の扉。その存在があるというだけでも、子どもの本能に、ものすごく安定感をもたらします。

ところが、そのお母さんに元気がなくて、「死んでしまうかもしれない」という雰囲気が醸し出されると、子どもは急速に不安に陥ってしまいます。

子どもの視点から見て、「この世界は怖いもの」となり、そこはかとない警戒心がいつも立ち上がっていく。一生を左右する、世界観に影響してしまう可能性もあります。こうなると、子どもの世界観だけでなく、親子関係もこじれてしまうんですね。

何度もお伝えしているように、現代の子育ては過酷ですから、お母さんは疲れ果てていて当然です。

「ママがうつにならないこと」

この最終目標だけをしっかり見定め、あなた自身の危機回避策を考えていきます。

Lesson 27

# 「ダメージコントロール」でパフォーマンスの低下を防ぐ

子育て戦場で、どのようにして「ママがうつになる」事態を避けていくか。

あなたの心の中の「クールな指揮官」には、「ダメージコントロール」という自衛隊式思考を、ぜひ身につけてもらいましょう。


「ダメージコントロール」とは、ダメージを受けたときに、被害を最小限にするためにどうするか、あらかじめ行動を考えておくというものです。

たとえば隊員たちが戦場におもむくとき、本人たちは当然、行く先が楽園だとは思っていません。

けれども、心のどこかで漠然と、

「これくらいは、まあ自分にもできるはず……」

という、うっすらとした期待感（楽観）を、だれしもが持っているものです。

ところが実際の戦場では、手持ちの弾薬がなくなったり、予想以上に寒い冬が来たり、さまざまな想定外のことが起きてくる。パフォーマンスが上がらなくなる事態に見舞われます。そういうときに、**なまじ期待感を持ってしまっていたために、「もうダメだ！」と、何もかも投げ出してしまう人が出てくるんです。**こうなると戦いには負けてしまいます。

そこで、**パフォーマンスの低下を防ぐために、組織では「ダメージコントロール」という戦略を持つ**のです。

## 階段状に行動を決めて、ダメージを少なくする

「ダメージコントロール」をイメージするにあたって、「階段」を思い浮かべてみてください。自衛隊では、よく「ラダー」と言います。

通常より状況が悪くなったら「プランA」。

さらに状況が悪化したら「プランB」。

危機的状況に陥ったら「プランX」。


**このように階段状のイメージで「対策行動」を決めておきます。**

こうしておくと、なんらかの要因で調子が落ちても、「1段ラダーが落ちた」と考え、次の行動プランにスムーズに移行できます。

**パフォーマンスが少し落ちただけで、すっかり悲観してしまい、「もう何もかもおしまいだ！」などと、すべてを投げ出してしまうという事態を防げるんです。**

Lesson 28

# 子育てに「ダメージコントロール」の発想を

ここまで説明した「ダメージコントロール」の発想を、ぜひ、あなたの子育て生活にも取り入れてほしいんです。「クールな指揮官」には、あなたの「ダメージ」を常に監視してもらい、指示を出してもらうのです。

ここで、「疲労の3段階」の話を思い出してください（33ページ）。

今、ワーママたちやワンオペ育児をしているお母さんたちのうち、8割くらいが「疲労2段階」以下にあると話しました。とても疲れているのです。ただし、まれに幸運な人は「疲労1段階」にとどまっているでしょう。疲れても「まあ一晩寝れば回復できる」という通常の疲労です。

ところが、今、1段階にある人でも、事情が重なって疲れてしまい、限りなく2段階の近くまで落ちていく、という場合もあります。

たとえば、子どもが胃腸炎や感染症にかかり、看病が大変だったら、あっというまにお母さん自身が「疲労2段階」にバーンと下がってしまいます。さらに、自分やパートナーも感染したら、さらにエネルギーダウンして、疲労が深まっていく。そこに親の介護や仕事のトラブルなどが重なってきたら、みるみるうちに「疲労3段階」に落ちてしまう可能性が出てきます。


子育ては戦場です。日ごとに戦況は変わっていきます。

**自分の状況を常に見極めて、その段階にふさわしい階段**（ラダー）**に合わせて、どんどん戦いの体制や作戦を変えていく。**

**それで全体のダメージを防いでいく。**

多忙な日々を、この「ダメージコントロール」の発想で乗り切っていくのです。子育ては長期戦ですから、お母さんが倒れずに、戦い続けるコツになります。

Lesson 29

# 緊急時の行動プランを立てておく

子育てにおいてもっとも重要な目標は、「ママがうつになるのを防ぐこと」。

まずはそのための「行動プラン」を、まだ比較的元気なうちに考えておきたいものです。


「疲労3段階」（うつ状態）に陥ってしまうと、どんなお母さんでも、自分で状況を打開する能力がなくなってしまいます。

「子育てがあるから、今の状況から全く動けない」

という感覚で、膠着してしまいます。人によっては「死ぬしかない」と思い詰める人も出てくるでしょう（ちなみに「死にたい」という思いは、「疲労3段階」の症状のひとつです。ある調査では、一生のうちに本気で自殺したいと考えたことがある人は、4人に1人はいます。案外普通に遭遇する症状だと思ってください）。

本書では何度もお伝えしていますが、現代の子育て環境は、そもそもダメージを受ける要素が多いのです。いかに全体のダメージを少なくしながら、お母さんが倒れずに、最後まで戦い抜くかが大切になってきます。

そこで、予測される自分の疲労状態を階段（ラダー）状でとらえ、それぞれに応じた緊急時の行動プラン、「緊急プラン」を決めておき、実行に移すという戦略を考えてみてください。次のようなイメージで、戦略を立案するのです。

**疲労1段階なら「緊急プランA」を実行する。**
**疲労2段階なら「緊急プランB」を実行する。**
**そして疲労3段階なら、最終危機（＝ママがうつになる）回避策として「緊急プランX」を実行する。**

## 人はトラブルが起きるとあわててしまうもの

少し難しく感じるかもしれませんが、階段状にイメージして戦略を考えておくと、これがのちのち役に立ちます。

**人は、想定外のトラブルが発生するとたちまちあわててしまって、せっかく善戦しているのに、「戦い方」を変えてしまうことがあるんです。**

戦いの渦中にあると、だれもがエネルギーが低下しがち、そして自信も失いがちになります。そのせいで、急に無茶な判断をしたり、突発的な行動を起こしてしまったりします。

しかし、あらかじめ「階段」を見積もっておけば、切るべきカードはすでに手元にあります。自分の中の「クールな指揮官」が、「緊急プランA」、「緊急プランB」、そして最悪の事態を避けるための「緊急プランX」を、スッと発動することができるんです。

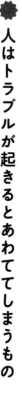

## 予測される自分の疲労状態に応じた行動プランを立てておく

Lesson 30

# 「緊急プラン」を立てるための3つのポイント

では具体的に、あなた自身が「うつにならない」ことを最終目標として、「緊急プランA」、「緊急プランB」、そして最後の切り札である「緊急プランX」の計画を立てていきましょう。緊急プランは次の3つのポイントから考えていきます。

**〈緊急プランを立てるための3つのポイント〉**

**① 重要戦力の「予備隊」を持つ**

**② 時間軸で見積もってみる**

**③ 「だれかに相談する」ことを重視する**

**ここで何よりも大切なのは、確実に「実行可能」なプランにしておくことです。**じつはSTEP3でご自身の「戦力分析」をしていただいたのは、それを見極めるためでもありました。

「私がダメになったら、実家のお母さんに1週間泊まりに来てもらう」などと決めていても、もしかしたらお母さんにも事情があって泊まりに来るのは無理、子育て支援センターを利用するほうが現実的だった、という場合があるかもしれないからです。

以前、山岳関係者の方が、興味深いことを教えてくださいました。

「山での遭難事故を防ぐため、登山隊のリーダーは〝撤退する勇気を持て〟とよく言われますよね。でもいざというとき、ちゃんと撤退するためには、きっちり実行可能な計画を立て、それを練習しておく必要があります。勇気だけあっても、いざというときは案外実行できないんです。実際に行動できてこそ、本当のリスク管理です」

ここで言う「緊急プラン」も、これと同じように考えてほしいと思います。

そして、自分が持つ実際の戦力と掛け合わせて、いざというときに本当に実行可能な、あなただけの「緊急プラン」を編み出していきましょう。

Lesson 31

緊急プランを
立てるための
3つのポイント①

# 重要戦力の「予備隊」を持つ

緊急プランを立てるための3つのポイントを、順に見ていきましょう。
1つ目は、「重要戦力の『予備隊』を持つ」ことです。

自衛隊では、4個の中隊（戦力の基本の単位）があったら、そのうち1個は予備隊と考えます。このような体制にしておくと、たとえひとつの中隊にトラブルがあっても、すぐに予備隊を充当し、全体のダメージを防げます。

同じような考え方で、ワーママたちにも、戦力の「予備隊」を持ってほしいんです。まずは、直接的に子育てをバックアップしてくれる予備隊を探しておきましょう。

Lesson23「いざというときに助けてくれる支援環境は?」(96ページ)を参考にしてみてください。戦力分析でも紹介しましたが、切羽詰まってからではなかなか探せないものです。上手に探せば、案外いろいろな戦力が見つかるものです。

さらに、自分自身の内部の「予備隊」も考えておきたいものです。それは、STEP1でお話しした「エネルギー」と「自信」の予備隊です。

人がうつっぽい状態に陥るときは、

**① 本人の「エネルギー」が低下している**

**② 本人の「自信」が低下している**

のいずれか(多くの場合、両方)が見られます。

「ママがうつにならない」という最終目標のためには、「エネルギー」と「自信」が低下してしまわないように、しっかり補充することが大切になります。

## 「エネルギー」と「自信」の補充って？

今お話ししたうち、「エネルギーの補充」はなんとなくイメージできると思います。たとえば、「睡眠不足が続いたら、すかさず昼寝時間を確保する。そのためには、夫に協力を頼んだり、実家の親と調整して、子どもの世話を頼んでおく」などです。これらの対策はプランAくらいから実行したいところです。

不眠がつらいと感じ始めたときは、プランB。「まる一日、子育てからフリーになる時間をとって寝倒す！」なんていう案を立てるのもいいでしょう。

それでも不眠の状況が悪化したときは、プランX。「仕事を1週間休んで家事は夫に一任し、〇〇クリニックに受診して睡眠薬をもらう」などと計画しておきます。

これに対して「自信の補充」は、少しわかりにくいかもしれませんね。

具体的には、お母さんが「自信」をなくしたときに、相談できる仲間・味方や、励ましてくれる情報源（本や漫画など）を確保しておくことです。

たとえば、あるクライアントさんは、

「『これを読むといつも笑っちゃって、元気になる』と感じるギャグ漫画を手元において、落ち込んだときに読むようにしていた」

と話してくれました。

**ふっと肩の力が抜けて、自分を肯定し、励ましてくれる方法をいくつも考えておくことが、自信の補強です。**

また、特に女性は、**相談したり、グチを聞いたりしてくれる話し相手や仲間を持つ**ことが、自信の補充として極めて有効です（134ページでも詳しくお話しします）。

**人は大変なときでも、自分の戦いを肯定してくれる味方が得られると、とても落ち着きます。**これは原始の時代から組み込まれた本能のひとつ。味方がいることで「まあ、なんとかやっていけそうだな」と、前向きになるものなのです。

Lesson
# 32

# 「中途半端」は、じつは「絶妙バランス」

ここまでお話しした「予備隊」とは、「余力」と言い換えてもいいでしょう。

ただ、余力と言われると、

「子育てと仕事で毎日ギリギリ。余力なんて1ミリもない！」

と嘆く方もいらっしゃることと思います。それでも一度落ち着いて、どこかに隠れた予備隊がないか探してみてください。

さて、余裕のなさはワーママのみなさんが訴えるところで、アンケートでも「子育ても仕事も人づきあいも何もかも中途半端な私なんです」と嘆くコメントを、たいへん多く拝見しました。しかし私は、この**「中途半端」というのは、じつは「絶妙なバランス」**だととらえています。

日々こなさなければならないタスクが山積みのワーママが、ある程度それぞれのことを大切にしたいのなら、「バランス」で対処していくしかありません。中途半端というのは、そのすべてに対処しようとした結果です。その意味で、とても「良い力加減」であり、ワーママの「戦い方」のひとつなのだ、と思うんです。

「何もかも中途半端」というバランスを、ワーママたちは決して嘆かないでほしい、と思います。**すべてを完全にやろうとせず、かといって切り捨てもせず、なんとかバランスをとりながら、善戦している結果**だと考えてください。

## 「中途半端バランス」も「予備隊」で補強できる

「中途半端バランス」をひとつの戦い方だと考えたとき、弱点があります。

それは、すべてがほどほどであるがゆえに、状況の変化に弱いということ。子育てでも仕事でも人づきあいでも、何か変化やトラブルが発生したときに、お母さんの投下できるエネルギーの量が少ないことです。
今まさに「中途半端バランス」で戦っている、と自負するワーママたちこそ、ぜひ「予備隊」を持つように意識してみてください。**自分のエネルギーに余裕を持つだけでなく、いざとなったら他者の力を借りまくる腹積もりをしておくのです。**それが中途半端バランスの弱点を補ってくれるでしょう。

子育ての予備隊、仕事の予備隊、人づきあいの予備隊……などなど、今のうちに戦力を増強しておけるものはないか、ご自身の人脈や環境を見渡して、ピックアップしておきましょう。

子育ての予備隊
実家の母
仕事の予備隊
同僚
家事の予備隊
家事代行
いざとなったら頼ろう!
「中途半端バランス」で戦っているママは
戦力の予備隊を意識!

# Lesson 33

## 緊急プランを立てるための3つのポイント②

# 時間軸で見積もってみる

「緊急プラン」を立てるための2つ目のポイントとして、今後の子育てや仕事などを「時間軸で見積もる」、という作業をしてください。

「毎日大変！」かもしれませんが、その中でも、なんとなくでもいいので「大変な時期」や「ラクな時期」を、長期的な視点で見積もってみてほしいんです。

人は、どんなにつらくても

「これがあと3日で終わる」

「月末までとにかく乗り切れば、来月は余裕が出る」

などと見通しが立っていれば、案外ストレス耐性が上がってくるもの。
**「いつ終わるかわからない」、あるいは「延々と続く」と思うと負担感が増し、つらくなってしまう**んですね。

多くのお母さんたちが経験したことと思いますが、赤ちゃんが新生児のころは昼夜の別なく寝ていて、夜中であってもお腹が空けば泣きます。この時期、お母さんたちは睡眠不足で疲労困憊。でも数カ月たてば赤ちゃんも成長してきて、やがて夜泣きは減っていきます。出産で疲れ切っている時期に夜中の授乳やミルクが続くと絶望的になりますが、「数カ月すれば落ち着いてくる」とわかっていれば、少しは希望も湧きます。

## 予想される「大変な時期」の対策を考えてみる

もし、子どもや家族、仕事の今後のスケジュールを見積もってみて、すでに予想される「大変な時期」があるのでしたら、心がまえをしつつ、具体的にできることの対策を考えておきましょう。

たとえば、年度末に子どもの行事と仕事の繁忙期が重なることがわかれば、「今年は卒園式があって、3月の第2週は仕事の締め切りも重なっている。週末だけでも、子どもを祖父母宅に連れて行こうかな」などと対策できます。

**天気予報で台風が来るとわかれば、多くの人は備えます。**中には状況を見極めず、会社にいつもどおりに出勤しようとして大騒ぎになる人もいるようですが……。

「時期を見積もる」「計画を立てる」は、ワーママの人生を戦略的に考える「緊急プラン」のひとつ。

もしも大変な時期に突入したら、「これか。ついに来た来た」と思って、事前に考えておいた体制にすかさず移行できたら、あなたはすばらしい「指揮官」です。

Lesson 34

緊急プランを立てるための3つのポイント③

# 「だれかに相談する」ことを重視する

緊急プランを立てるときは、ぜひ「だれかに相談する」ことを重視してください。つらくなったとき、だれかに相談してみる。みなさんにとってはごく自然な方法かもしれません。**「相談する」とは、こと女性においては極めて強い「武器」であり、「戦い方」になります。**話した相手に、

「私もそういうこと、あったよ」

「気にしなくて大丈夫だよ」

などと励まされれば、傾きかけた「自信」をケアすることにつながるからです。あなたの「自信の予備隊」です。

## コミュニケーションをとることで生き延びてきた

女性のもともとのスペックとして、「協力し合って生きる」という特性があります。大昔、子どもを見ている間に食料を獲るのは、とても難しい話でした。そこで夫や男性に狩りに行ってもらい、その間はほかの人に食べ物を分けてもらったりしながら、女性は子どもを育て上げていたのです。みんなが集団で協力していかなければ、自分も子どもも生き延びることができません。子育ては集団で行うもの。その中で、女性に発達してきたのが「コミュニケーション能力」でした。

ある研究によれば、男性が1日に平均7000語の単語数を発するのに比べ、女性は平均で2万語も発し、また6000語以下しか話せないとストレスを感じやすくなる、という結果が報告されているそうです。

女性は情報交換を常にしたいし、相手の細かい情報まで知りたがります。コミュニケーションがとれて、初めて安心できるところがあるんです。

たとえば、これを職場のディスカッションする場で考えてみましょう。
男性は相手の細かいところ、たとえば相手の気分や背景はどうでもよくて、仕事の目的さえ達成できればいいと考える方が多いようです。

ところが、女性は

「最近どうですか？」

などと、仕事の話よりも前に、相手の近況から聞きたがる傾向にあります。相手のことをなるべく知って、また自分のこともなるべく知ってもらう。**密にコミュニケーションをとることが、本能的に生きていく術となっている**のです。

このように、「だれかに相談する」ということを男性はなかなかできなくても、多くの女性にとってはハードルが低いし、ストレス解消のためにかなり有効な策なのです。

こうした観点からも、ぜひ「緊急プラン」を考える際に、つらいとき、調子が落ちたときには、「だれかに相談する」ことを組み入れてほしいんです。

# Lesson 35 相談相手は複数選定しておく

「だれかに相談する」ということは、とても有効な「ツール」です。相談するという行為は「自信」を補強するので、すべての緊急プラン（A・B・X）に組み込んでおきたいものです。

ただ、相談するにはちょっとした「コツ」があります。まず、知っておいてほしいのが次の2点です。

1点目は、案外、親（自分の親、義理の親）の世代には、子育てのつらさをわかってもらえない面がある、ということ。これについてはSTEP2でも紹介しました。

2点目は、**ご自身に疲労が溜まってうつっぽい症状が進むと、対人恐怖の感情が生まれ、身近な人にもかえって相談しづらかったり、相手の反応でひどく傷ついてしまったり、ということが起きてくる**ということ。ご自身のうつ症状が自覚できるときは、ママ友や配偶者ではなくて、専門家やカウンセラーなど、メンタルヘルスのプロに相談するほうがより有効ですし、不必要に傷つかなくて済みます。

この2点を頭に入れておきつつ、ご自身の周りに相談チャンネルを複数、意識して持ってリスト化しておきましょう。それが「緊急プラン」として、いざというときにあなたを助けてくれます。

## 相談で落ち込まないコツは「相手を使い分ける」

人に相談するとき、もうひとつ頭に入れておいてほしいのが、**1人の人にあなたの悩みのすべてを打ち明ける必要はない**、ということです。

相手も人間ですから、相談したからといって、必ずしもスッキリするとか、いつも期待どおりのアドバイスが得られるとは限りません。案外、回答が頼りにならなかったり、あるいは「**相談マウント**」といって、**あなたに対してじつは支配的なこと、威圧的なことを言ってきたりする場合もある**からです。

**ですので、テーマごと、相手ごと、時間ごとなど、上手に相手を使い分けていけるといいんです。**そのためにも複数の相談チャンネルが必要です。たとえば、離乳食の悩みならこのSNS、子どもの受験のことならこの先輩ママ、キャリアの悩みなら職場の産業医やキャリアカウンセラーに、人生の悩みは自分の母親に……などです。

## 「威力偵察」でお試しを繰り返してみる

そうして一生懸命考えてピックアップした相談先リストも、実際に使ってみないと、どれくらい頼りになるかはわからないところがあるでしょう。

**そんなときは、少しの「お試し」を繰り返したらいいんです。**

自衛隊的に表現すると「威力偵察」と言うのですが、「ここ攻められそうかな」とずっと見ていてもわからないので、どこか当たりをつけて、チョンチョンと攻めてみる。それで、相手の威力がどれほどのものかを確かめてみる、というものです。

相談してみて、かえって自分が落ち込む結果になるのでしたら、相談する相手かタイミング、相談内容のいずれかが合っていなかったということ。その場合は、自分の中の「クールな指揮官」の判断にしたがって、速やかに撤退し、ほかの相談ルートを当たりましょう。

**大切なのは、「人に相談する」「話してみる」という行為を通じて、あなた自身がラクになり、元気になることです。**相談チャンネルを軽やかに使い分けながら、自分の「武器」としてブラッシュアップしていきましょう。

Case Study

# 「緊急プラン」──Aさんの場合

日々、子育て戦場で戦っているワーママのみなさんが、うつ状態に陥ることをなんとしても防いでほしい。その思いから、うつにならないための「戦い方」について、その考え方、ノウハウをお伝えしてきました。少し理屈っぽくなってしまったかもしれませんが、ぜひ少しでも参考にしていただき、うつ状態にならないための「備え」を実行してほしいと思います。

最後に、備えたことで極めて早い復活を果たした、40代ワーキングマザー、Aさんのケースをご紹介しましょう。

### 〈40代ワーママ・Aさんの場合〉

アパレル会社に勤めていたAさんは、10年ほど前に出産。産育休を経て職場復帰し、しばらくたったころにうつ状態に陥り、私のカウンセリングを受けたことがありました。そのときは退職して1年間休養したのち、復調して別の会社に転職しました。

その後は順調に過ごしていたのですが、転職先の経営体制が変わるなどして多忙を極め、再び調子を崩してしまったのです。

しかし、そこでAさんは極めて早く「自分自身のケア」に動きました。私のところに連絡が来たときには、すでに心療内科の診察を受けており、1週間の療養に入っていたのです。

「よくぞ、ここまで早い段階で気づいて、行動に移せましたね！」

と私もうれしくて、思わずAさんをいっぱい褒めてしまいました。

Aさんは、所属していた部署の人数が減って厳しくなる中、「今年は子どもの中学受験も本格的に始まるし、よりストレスが高い年になるだろう」と先に見積もっていたそうです。そこでご主人とも話し合い、次のように緊急プランを決めていました。

**〈Aさんの「緊急プラン」〉**

・緊急プランA（疲労1段階）

「自分がイライラしている」「疲れた」と少しでも感じたら、週末は2日連続で昼寝時間をとる。土日の予定はなるべくキャンセルし、子どもの塾の送迎は夫に代わってもらう。

・緊急プランB（疲労2段階）

夫に「私の調子がヘンだと思ったら教えてほしい」とあらかじめ伝えておく。ため息が増える、子どもに当たる、明らかにイライラしているなど。また、自覚があったら、まず1日、可能なら1週間、会社を休む算段をする。

・緊急プランX（疲労3段階）

1週間不眠が続いたら、心療内科で睡眠導入剤を処方してもらう。鹿児島の実家から母に上京してもらう。下園先生のカウンセリングを受ける。

Aさんの場合、実際は「疲れを感じる」というよりは、仕事が気になって、よく眠れていないと感じる日が続いたそうです。

そこで、ご主人に「私、最近ヘンかな?」と聞いてみたところ、ご主人からは、「前回のうつのときと同じ顔になってる。念のために下園先生に相談してみたら?」と言われたそうです。それでハッと気づいたとのこと。

ちなみに実家のお母さんには、以前から「忙しいときに助けてほしい」と話してあり、あらかじめ航空チケット代も渡してありました。

**うつ状態に陥ると、完全な回復までは早くて1年、通常は数年くらいかかってしまいます。**しかしAさんは素早く「緊急プラン」を実行できました。そして1週間会社を休んで、再び職場復帰。その後も、特に睡眠不足には十二分に気をつけながら過ごされているそうです。

Aさんは「緊急プランA、B、X」をあらかじめ考えておいて実行できた、極めて〝優等生〟な事例です。

もちろん、実際にはなかなかうまくいかないこともあると思います。

しかし、ぜひ一度は自分の「緊急プラン」を考えておいてほしいのです。

うつ状態に陥ると、完全復帰までどうしても時間がかかってしまいます。なんとなくでもいいので、この本を参考にしながらご自身の「緊急プラン」を考え、備えてみましょう。

Lesson 36

# すでにうつ状態のママへ

さて、最後に補足があります。STEP4の110ページでは、最終目標として「ママがうつにならないこと」を掲げました。そして、お子さんへの影響が大きいことにも言及しました。

しかし、このようにお話しすると、

「もしかしたら、私は、すでにうつ状態なのではないのか。子どもに悪い影響を与えているのではないか」

と、不安になる方もいらっしゃると思います。心当たりがある方も決して少なくないでしょう。ですが、もしご自身がそうかもしれないと思っても、あまり不安になららないでください。

35ページでは、疲労3段階（うつ状態）の症状を挙げています。ここでも、改めて挙げておきましょう。

**〈疲労3段階（うつ状態）の症状〉**

- □「仕事を辞めたい」「いなくなりたい」「死にたい」という思いがある
- □ 別人化（これまでにない精神的な反応が出てくる）
- □ 集中力や決断力がなく、作業がさばけない
- □ 過剰な自責感がある
- □ 過剰な不安がある
- □ 人を避けるようになる
- □ 無力感（自信の低下、孤立感、孤独感）を強く感じる
- □ 負担感を強く感じる
- □ さまざまな身体不調が続いてしんどい。今までできたことができない

これらを改めてチェックしていただき、いくつか当てはまるのでしたら、もうすでに、あなたが「うつ状態」である可能性は高いと言えます。もしそうだとしたら、ただちに休養に入り、エネルギーを補給し、回復していくことを考えましょう。

しかし、現実的には子育ても続きますし、感情は常に揺れ動くでしょう。そう単純に休養できないのも事実です。

そこで、なるべく速やかに、信頼できる専門家のアドバイスを仰ぐことをおすすめします。心療内科や精神科を受診したり、またカウンセリングを受けたりして、不安を和らげながら、具体的なケアの方法を一緒に考えてもらうのです。

## うつからの回復は貴重な人生経験になる

お母さんがうつになったとき、そのお子さんへの影響は大きいです。しかし、そのことで、決して絶望しないでほしいとも思います。

私がこれまで、多くのクライアントや、その親子関係に寄り添ってきて断言できることがあります。それは、親が自分の心と体を見つめ、しっかり回復していければ、それはかけがえのない、貴重な人生経験にもなる、ということ。

また、しっかり回復を果たしたお母さんの姿は、必ずお子さんにも奥深い人生の希望、応援メッセージとして伝わっていきます。これまでに何組も、そのような親子を見てきました。ですから、どうぞ過剰に心配なさらないでください。と同時に、ご自身のケアを先延ばしせずに、しっかりと実行してほしいと思います。

具体的な対応についてはいろいろありますので、ここでは、これ以上取り上げません。ご関心のある方、必要のある方は、私の著書『元自衛隊メンタル教官が教える心を守るストレスケア』（池田書店）、『とにかくメンタル強くしたいんですが、どうしたらいいですか？』（サンマーク出版）なども参考にしてみてください。

## STEP4のまとめ

□子育ては長期戦です。「ママがうつにならないこと」を最終目標に、自分の中に「クールな指揮官」を持ちながら自分の心を守ることが大切です。

□子育て戦場では、自分の「緊急プランA、B、X」を考えて、調子を落としたら躊躇なく実行しましょう。

□①重要戦力の「予備隊」を持つ、②時間軸で見積もってみる、③「だれかに相談する」ことを重視する、の3つのポイントを押さえ、実行可能な緊急プランを決めておきましょう。

# STEP 5

# 子育て
# 情報うつに
# ならないために

# Lesson 37

# 「子育て情報」でうつになる？

現代の子育て環境は多くの情報であふれています。STEP5では、子育て情報とのつきあい方について見ていきます。

悩んだときにだれかに相談するのとは別に、インターネットやSNSなどの子育て情報を活用している方も多いでしょう。SNSやネットの漫画などは「あるある情報」が満載ですから、自信を補強するために、おおいに活用していただきたいところです。

しかし、カウンセラーとしては、少し注意してほしいことがあります。

じつは、さまざまな子育て情報に触れているうちに、いつのまにか、うつっぽくなってしまうお母さんが多いんです。

あるワーママのクライアントさんの例です。その方は落ち込んでいたときに、あるママタレントの子育てエッセイに感銘を受けて、すっかりファンになりました。その人のSNSをすべてフォローし、YouTubeをチェックして、それを子どもが寝てから一晩中観るようになったのです。

最初は楽しく観ていたのですが、動画を観るのに、いつのまにか睡眠時間が削られてしまうようになりました。しかも、なんだか落ち込むことが増えてしまいました。理由をよく考えてみると、**動画にのめり込むうちに、次第に「この人みたいに子育てを楽しめない私」が無意識にクローズアップされてきていたのです。**気分転換のはずだった「推し活」が、明らかに疲労の回復の妨げになっていったんです。

## 「情報への欲求」→「自信を失う」→「悩みを深める」の悪循環に

現代人のうつが深まるとき、過剰な情報が関係していることが非常に多いのです。

ですから**少しでもうつっぽいときには、いったん情報を遮断して、刺激を入れずに休養をとるのがベスト**です。

けれども実際は、**うつっぽくなると、強まった不安の感情が「情報」を求めます。**「私の子育て大丈夫かな」を確かめたくて、遮断するどころか、かえって次から次へと情報を探してしまう。そして、「こうすればいい」というインパクトのある、刺激の強い情報ほど、人は目を離せなくなっていくんです。

**こうして集まった情報は、不安のバイアスとインターネットのバイアスで、かなり偏ったものになりがちです。**「子育てはこうあるべき」という期待値が、現実的な基準からズレていって、次第に「あの人（ほかの人）のようにできない私」を感じ、自信を失いやすくなります。情報を追い求めることでの疲労と相まって、さらなるうつ状態へと陥っていくのです。

**悩みや苦しさを解消しようとして情報を求めていたのに、それによって悩みが深まるという、まさに悪循環になってしまうのです。**もしかしたら、心当たりがあるお母さんも多いのではないでしょうか。

Lesson 38

# 子育て情報で「うつ」に陥りやすい2つのパターン

子育て情報の収集は、次のような2つのパターンのときに、うつにつながりやすくなるようです。

**・パターン① 「だれかとつながりたい」が目的のとき**

1つ目は、「だれかとつながりたい、コミュニケーションをとりたい」と思って情報をとるときです。

人は弱ってくると、だれかとつながりたくなるものです。特に女性はコミュニケーションを大切にする傾向にあるので、特定のコミュニティーに参加して交流するのは、悩みの解消に役立つでしょう。

**けれども、逆に強迫観念のように、**

**「そこの人たちに嫌われたくない」**

**「何か嫌なことを言われても、なかなか抜け出せない」**

**と、そのコミュニティーに固執してしまう場合があります。**

夜中にオンラインゲームをやるというクライアントさんがいました。カウンセラーとしては、うつからの回復のためには、その方にはしっかり睡眠をとってほしいと思います。けれども、本人にとってはゲーム仲間のほうが睡眠よりも大事で、死活問題に感じています。それは、「ここでは私は大切にされている」という感覚があり、それが本人の低下してしまった「自信」の補強になるからです。

もちろん、オンラインゲーム仲間との交流が、実生活とバランスがとれているうちは問題ないでしょう。しかし、睡眠の妨げになっているのに、なかなか抜け出せなくなり、そのせいで悩んだり、トラブルが起きたり、ということが起きてきます。

同じ現象は、子育てサークルやママ友仲間でも発生します。

「子育てコーチング」を勉強して実践するグループで、じつは苦しい思いをしているのに、なかなか自分から抜け出せないでいるクライアントさんもいました。


ちなみに、こうした方々に対しては、まず疲労をとることの大切さをお話しして、コミュニティーとは別に、自信を育んでいける方向を本人と話し合いながら、カウンセリングを進めていきます。

**・パターン② 「自分の期待値をやたら高くしてしまう」サイクルが進むとき**

情報で落ち込んでしまうパターンの2つ目は、ネットにあふれる有象無象の情報によって「自分の期待値をやたら高くしてしまう」パターンです。

ネットは便利ですし、私たちはあらゆる情報に接することができます。しかし、どうしてそういう情報が目に入るかというと、「自分が検索するから」です。

たとえば、子どもの癇癪が激しくて悩んでいるママが「子ども　癇癪」とキーワードを入れて検索したとしましょう。するとそこには、原因と考えられるもの、年齢別の対処法など、ありとあらゆる情報が大量に出てきます。そしてそれらはほとんどの場合、子どもへの接し方、「育て方」への言及です。

もしヒントが見つかって、自分なりに我が子に合った対処法がわかり、それで実際の問題が解決するならばいいんです。

しかし、**世にあふれる「育て方」の情報を検索し続け、無防備に浴び続けていくと、お母さんの心にとっては「ダメ出し」になっていくことが多いのです。**

「このような育て方をしたい」「このような対処をしなければ」と、自分に課す「期待値」がいつのまにか高くなってしまう。

すると、そのとおりにできなかったときに、

「できない自分はダメなんだ」

と自分にダメ出しをすることになる。

自分にダメ出しを繰り返しているうちに、やがてどんどん「自信」が低下し、「エネ

ルギー」も低下していく。つまり、うつっぽくなっていってしまうんです。

「書店の子育て本コーナーに行くだけで、苦しくなってしまうんです」

と、話してくれたお母さんもいました。

これは、あたかも「正解」であるかのような顔をした子育ての情報にさらされるうちに、お母さんが「正解はこれ。あなたは間違っています」「あなたはまだまだですよ」と言われているような気持ちになってしまうからでしょう。**いつもどおりに元気ならば気にならないことも、弱っていると、まるで完全否定のように感じてしまうんですね。**

たくさんの情報は、子育て中のお母さんを助けてもくれますが、同時に諸刃の剣でもあります。注意深く接しないと、自分の心をかえって消耗させるものだと、ぜひ覚えておきましょう。

Lesson 39

# 子育て情報うつにならないための要注意ポイント

子育て情報でうつになってしまう、よくある2つのパターンを紹介しました。

ここで「子育て情報うつ」にならないために、次のポイントを覚えておいてほしいと思います。


1つ目は、**「期待値を下げてくれる」情報を選ぶこと。**

たとえば、ネット上には子育て漫画やSNS投稿もいろいろありますが、**クスクス笑えるようなほっこりしたものや、コミカルなものなどを選べばいいんです。**

「なあんだ。みんな、悩んでいるんだ」

「こういう失敗、あるある」

と、読んでいて元気になれるような情報をチョイスすること。

もちろん、キラキラママのリア充系、意識高い教育系なども好きならいいのですが、自分が極めて元気なとき、つまり「疲労1段階」だと自覚できるときだけ、楽しむようにしましょう。


ポイントの2つ目は、あらゆる情報を見ても
**「ああ、これはうちの子とは関係ないな」**

**と、自分で思えるかどうかをチェックしておくこと**です。

当たり前ですが、**世の中にあふれる子育て方法はどれも違いますし、その中で発信されるヒントも、受け取る人によって、家庭によって、子どもによって、合う・合わないがものすごくあります。**万人に共通する正解などないのが、子育てなんです。

「これは受け入れる」

「これは受け入れない」

と、自分で取捨選択できているうちなら、大丈夫です。

Lesson 40

# 「自己啓発本」「宗教本」はＮＧ？

子育て情報について、「これは受け入れる」「これは受け入れない」と自分で判断できなくなってきたら、要注意です。

取捨選択するどころか、

**「これをやれないから、今の私の子育てがうまくいかないんだ」などとひとつの情報に強くこだわったり、いろいろな情報に振り回されたりするような感じがしたら、情報はしばらく遮断しましょう。そして、「自分自身のケア」に移行してください。**

子育てのあらゆる問題は、自分自身のケアをしっかりすることで、いつのまにか気にならなくなったり、「なんとかやっていける」という意欲も自然に湧いてくるものです。もちろん、情報収集は大切です。問題に突き当たったら、情報を入れて知識を得て、スキルやメソッドも試してみて、自分なりの解決方法を編み出していくとよいでしょう。でも、それは、**「ママ自身が疲れていないこと」が大前提なんです。**

ちなみに、私のカウンセリングにいらっしゃる方は、すでに「疲労3段階」、つまり「うつ状態」にある人たちが多いです。本人は苦しさを早く解消したくて、子育て本以外にも、自己啓発や宗教、スピリチュアルの本やサイトを参考にしたがりますが、私からはその時点では、それ系の情報収集をやめてもらうようにお願いしています。

こうした類いの本は、「○○すれば幸せになれる」と、苦しさ解消の道筋を示してくれるので、救われる面があるのも事実です。しかし、**うつ状態では、自信をなくし、自分を責める方向に受け取ってしまいます。**そうした本が好きな人は、こちらが禁止してもつい読んでしまうとも知ってはいるのですが、「なるべく読まないようにしてくださいね」といつもお話ししています。

## STEP5のまとめ

□世の中にあふれる子育て情報は、ママを助けてくれますが、かえって落ち込んでしまうことも。

□「子育て情報うつ」にならないコツは、①期待値を下げてくれる情報を選ぶ、②「うちの子とは関係ないな」と自分で思えるかどうかをチェックする、の2点です。

□自分で情報を取捨選択できなくなったら、疲れているのかも。情報は遮断して、自分自身のケアに移行しましょう。

Q＆A

# お悩みワーママへの処方箋

# Q1

**ストレスが知らない間に溜まっていますが、でも現実的に生活スタイルは変えられない。体が悲鳴を上げています。どう対処したらいいのでしょうか？**

# A

**疲労を甘く見積もらないで、少しでも休める工夫をしてみてください。**

「体が悲鳴を上げている」とちゃんと感知できていて、すばらしいです。自分の疲労をわかっていない人は多いですし、人は疲れすぎると「疲労感知アンテナ」もまひしてしまうもの。ご自身をチェックする目があり、疲れ切る前にちゃんと気づけた、ということです。

このご相談者は「ストレスがあるから疲れる」と考えているかもしれません。

ですがじつは、**ご自身が疲れているから、いろいろなことがストレスに感じるんです。**疲れているのは結果ではなくて、原因なんですね。

だから、何より優先していただきたいのは、まず自分の疲労回復に努めること。エネルギーが回復すれば、ストレスの感じ方も変わってくるでしょう。

**休み方のポイントとしては、「ハシャギ系」ではなく、静かな「充電系」の過ごし方を心がけてください。**若い方ほど「休みの日はスカッと気分転換したい！」などと考えるかもしれませんが、それで回復できるのは10代、20代まで。旅行やテーマパーク、カラオケ、飲み会などのハシャギ系余暇は、一時的には気分が上がっても、エネルギーを消耗して、かえって疲労を深めます。

おすすめは睡眠をとること。眠りはメンタルヘルスの最良の薬です。質の良い睡眠にこだわるより、「いつもよりプラス2時間寝る」というふうに「量」に注目してみてください。寝る前のアルコールは、眠りやすくしてくれると思いがちですが、最終的には睡眠の量と質を落とすので、疲労しているときはなるべくとらないでくださいね。

しかしそうは言っても、お母さんたちは、お子さんが小さいうちなど睡眠もままならないことも多いです。この方も「現実的に生活スタイルは変えられない」とおっしゃっています。そのような場合は、睡眠時間をなんとかキープしつつ、たとえ1日1時間、30分でもいいので、自分の充電タイムを工夫してみてください。ソファーでゴロゴロする、推しの動画を観る、お風呂に長めに入る……など、なんでもいいんです。

**「全力で」ダラダラして、休む工夫をしてください。**

**大切なのは、そのことに自責を持たないことです。疲労解消は、重要な「仕事」です。**

決して疲労を甘く見てはいけません。ひとたび重いうつ状態に陥ると、回復にはどんなに早くても1年、だいたい数年かかってしまいます。だったら今のうちに、まずは30分でもかまいません。家族にも協力してもらって休んでください。自治体や民間のサービスを利用してもいいんです。

**休みをとることは、自分のためであり、お子さんやご家族のためでもあります。**今が人生の分岐点になってしまうと言っても過言ではないです。

# Q2

本当はもっとニコニコして子どもや夫に接したいのに、時間に追われ、怒ってばかりいます。

# A

「怒りのケア」の基本を押さえておきましょう。

この方のお悩みの本質は、「ニコニコできない、怒ってばかりいる自分ではダメだ」と思っているのに、怒ってしまう、怒りが止められない……という負のサイクルに入り込んでしまっていることです。

基本のメカニズム（STEP1）でもお話ししましたが、人は弱ってくればくるほど、感情がたくさん出ます。だれでも疲れていれば、怒りっぽくなり、許容範囲が狭くなります。弱い自分を守ろうとするんですね。

これは本能ですから、いくら理性でコントロールしようとしても無理があります。それなのに「怒ってはダメ」と押さえつけようとするから、できない自分を責めてしまうし、そのせいで消耗して、さらに怒りが大きくなっていってしまうわけです。

子育て戦場ですでに疲れているママたちが、イライラしないでいる、怒らないでいるというのも、ハッキリ言って無理があります。相談者の方は、まずは**怒ってしまう自分自身を、「仕方ないよね」「そうなるよね」と、自分で認めてあげてください。**

とは言え、子どもや家族に当たってしまうのは、本人もつらいもの。相手を傷つけて現実のトラブルにもなりがちです。

そこで「怒りのケア」のゴール（目標・期待値）を変えてみましょう。

この方の場合、実行可能で有効な目標は、「怒りを現実のトラブルに発展させない」、すなわち「**子どもや夫に当たらないようにする**」ではないでしょうか。「怒りの感情を持たない」という目標は理想ですが、それは今は無理で、非現実的な目標です。期待値を下げましょう。**怒りが生じても、人に当たらないようにできれば、子育て戦場にあっては上出来です。**そしてそれならなんとか実行できそうです。

方法としては、次の2つです。

## 「怒りのケア」の基本

**① 休む**

怒りっぽいのは、ご自身が疲れているから。この本質は無視してはいけません。睡眠をとるなどして、エネルギーを回復させます。

**② 離れる**

怒りは特定のターゲットを警戒し、そこに意識を集中させる機能があります。ターゲット（子ども、夫など）から離れる、「距離をとる」ことで、警戒がゆるんで、怒りの発生率も下がります。これによって相手を傷つけることも回避できます。

①、②の方法とも、毎日の生活の中では、なかなか実践するのが難しいところもあるでしょう。でも方向性として知っておいて、そのときの状況に応じた良い方法で、うまく対処していってほしいです。

重ねて言ってしまいますが、子育て戦場における「怒りのケア」の一般的ゴールは、「子どもや犬に当たらない」ことです。

これを「怒りを完全にコントロールする」「いつもニコニコしているママになる」などと設定してしまうと、無理を自分に強いて、結局できない自分を責めて自信を失い、「怒り」が増大していく……という負のループに陥ってしまいます。

くれぐれもご注意を！

## ワーク❶ 怒りのケア〈離れる〉

カーッと頭に血がのぼってしまったら、「怒りのケア」の基本の「②離れる」を実践してみましょう。具体的な方法は次のとおりです。

① **物理的にその場を離れる。視界から相手を消す**（例：部屋を出る、トイレに行く、家を出る、など）。

② **①が難しい場合は、イメージで離れる。意識を相手からそらす**（例：呼吸法を試す、集中して数を数える〈6秒我慢ルールもこのひとつのバージョン〉、アイドルやペットなど好きなものを思い浮かべる、座右の銘を口ずさむ、など）。

怒りは一瞬の瞬発力が強力。この対処法で「怒りの瞬間の暴風雨をなんとかやり過ごす」のです。

その場ではとっさにできないことも多いので、イメージで練習したり、パッと思い出せるように、**メモしたり、スマホに保存したりしておくことをおすすめします。**予行練習です。また、自分の環境に合わせてどんどんアレンジも加えてみてください。

## ワーク❷ 怒りのケア 〈7つの視点〉

怒りのピークをやり過ごし（＝現実的な怒りの暴発をなんとか回避し）、そのあとで気持ちや体が少し落ち着いたら、今度は、あえて今回のできごとを「分析」しておきます。**分析を行っておくと、怒りが自然に収まりやすくなります。**その際に、親しい人と一緒にできごとを振り返ると、うまくいきやすいものです。

ただし、思い出してみて、まだ自分の中の怒りが強いと感じるならば、落ち着くまで待ちます（冷静な分析ができるまでには、できごとや怒りの度合いによって、数時間から数日、数カ月かかる人もいます）。

ここでは分析方法のひとつとして、「7つの視点」というメソッドを紹介します。相談する相手がいないときの方法です。次の視点を使って、怒りのできごとや原因を考えてみてください。

## ●7つの視点

① 自分視点（私は何に一番傷ついた？／私が言ったことは正しい？　役に立っている？）
② 相手視点（相手は何をしたかった？／相手は何か不安や不満があった？）
③ 第三者視点（ほかの人から見たら自分はどう見える？）
④ 宇宙視点（宇宙から見たら自分はどう見える？）
⑤ 時間視点（1カ月後、相手との関係はどうなっている？／1年前、相手との関係はどうだった？）
⑥ 感謝視点（相手に感謝できるとすれば、どんなこと？）
⑦ ユーモア視点（このできごとを笑いのネタにするとすれば？）

どれかひとつでも気づきがあれば、もうけもの。7つ全部がうまくできなくても問題ありません。要は「分析を試みる」という手順を踏んでみることが大事なんです。段階を踏んでいくうちに、感情はやがて収まりやすくなります。怒りをいつまでも引きずって、あなた自身をむしばむことも少なくなるでしょう。

**感覚としては「ああスッキリした」というよりも、「思い出してもザワザワしなくなった」「どうでもよくなった」というフワッとした感じが、怒りのケアの着地点であることが多いです。**

**感情を収めるには「プロセス」が必要で、「一発でスパッと解消！」「これさえやればスッキリ！」といった万能スキルは存在しません。**これは感情全般について言えることです。このことを知っておいて、自分への期待値も下げておきましょう。

# Q3

**何をしても、このまま中途半端な妻、母、社会人で終わってしまうのではないかと、漠然とした不安があります。変わる勇気もなく、独身のときのような体力・気力もなく、抱える課題が多くて……。どのように考えたらいいのでしょうか。**

# A

**子育ては長期戦ですが、「期間限定」です。ご自身の現在のステージをフラットに観察して、自分のケアをこまめに実践してみましょう。**

「子育て戦場」の真っ只中にいらっしゃるのですから、独身のときとは人生のステージがガラッと変わったのです。体力・気力がない、課題も多い、と感じるのは当然です。

人は弱ってくると、たくさん感情が出ます（47ページ参照）。仕事と子育ての両立で

慢性的にエネルギーが低下している今、「不安」の感情を強く感じるのはごく自然なことです。**あなたが人より劣っているわけでも、努力不足なわけでもない。**まずは安心してください。

その上でお伝えしたいのは、**子育ては長期戦だけれども、「期間限定」だということです。**今は大変すぎて果てなく感じるかもしれませんが、少なくとも今のステージは必ず終わりがくる。

「思いどおりにいかない」

「どう努力したところで、現実的にそもそも難しい」

と絶望的に感じる時期は、子育て戦場を進む中で、だれにでも訪れます。ただ、それがずっと続くわけではないのです。長期的には、子どもは嫌でも自立していきます。

また、短期的には、あなたの疲労状態が改善することがあります。さらに、夫をはじめ周囲の環境が良い方向に変わる可能性もあるのです。「自分の子育てはダメ、一生このまま悲惨な人生が続く」と決めつけなくてもいいのです。

ただ、そうは言っても、不安や「自信のなさ（絶望感）」という感情が出てきているので、どうしても悲惨なイメージがぬぐえないかもしれません。

まずは自分が今いるステージを（期間限定であることも含めて）、STEP2、STEP3などを参考に、フラットに観察してみてほしいんです。そして「自分自身のケア」の優先順位を高めて、なるべくこまめに実践するようにしてください。

そんなときに「休む」「距離をとる」以外に使える、不安感情をケアする方法があります。

STEP1でも触れたように、不安とは「将来の危険を予測する」感情です。

人は「大丈夫だ。危険はない」とわかるまでは、その場に立ちすくみ、起こるかもしれない危険をシミュレーションし続けます。

たとえば夜、子どもが咳をひとつして、

「あれ、風邪ひいちゃったかな」

と、ふと不安になったとしましょう。すると、

「今夜熱が出ちゃうかな？　明日、近所の小児科やってたっけ？　コロナだったら

どうしよう？　インフルエンザだったら？　重症化して入院になったら？　明日の午後の会議はどうしよう？　パパは休めるのかな？　会議を欠席したら部長やメンバーに迷惑がかかってしまう。あとで責められるかも……」

と頭の中が一気に悪いほうに展開していってドツボにはまり、結局朝まで眠れなくなったりするのです。**感情が思考を乗っ取るんです。**

**不安に苛まれて身動きがとれないとき、不安をケアするコツは「時間をとって、集中して考える」こと。**ここで、１人でできるとっておきの方法を紹介しましょう。

## ワーク③ 不安のケア 〈不安分析図〉

### ① 書きまくる

1枚の紙を用意して、「今、一番不安に感じていること」を言葉にして書きます。そしてそれがどんな形か、どんな感じなのか、どんな色なのか、線やイラスト、色なども描き足していきます。ギザギザ、モヤモヤ、真っ黒、どよんとしたグレー、などなど。

次に、その「不安」から思い出された、関連するできごとや人間関係、感情なども、どんどん書き足していきます。また、関連はなくても、今、気になっていることも書き出していきましょう。最初の不安に対して、大きいなら大きく、小さく感じるなら小さめに。どんなにささいなことでも、直接は関係がないかもしれないと思うことも、「今、感じていること」はすべて書き出していきます。

「書き切った」と思ったら、ペンを置いてください。

**② できあがった図を眺めてみる**

できあがった図の全体を眺めてみます。「今、一番不安に感じていること」が、じつはそれほど大したものでもない……と感じるかもしれません。また、最初は認識していなかった、ほかの不安との関連に気づくかもしれません。

**③「行動」を考える**

紙に書き出された不安に対して、何か行動できることはないか、考えてみます。今できることは何か。逆にできないことは何か。行動プランと予定を立ててみます。

**不安は行動のパワーになります。**行動プランの中から「とりあえずカンタンにできそうなこと」を、まずやってみてください。実際に動くと、そこに新しい情報が入ってきて、感情もゆるみやすくなります。

## 「不安分析図」の例

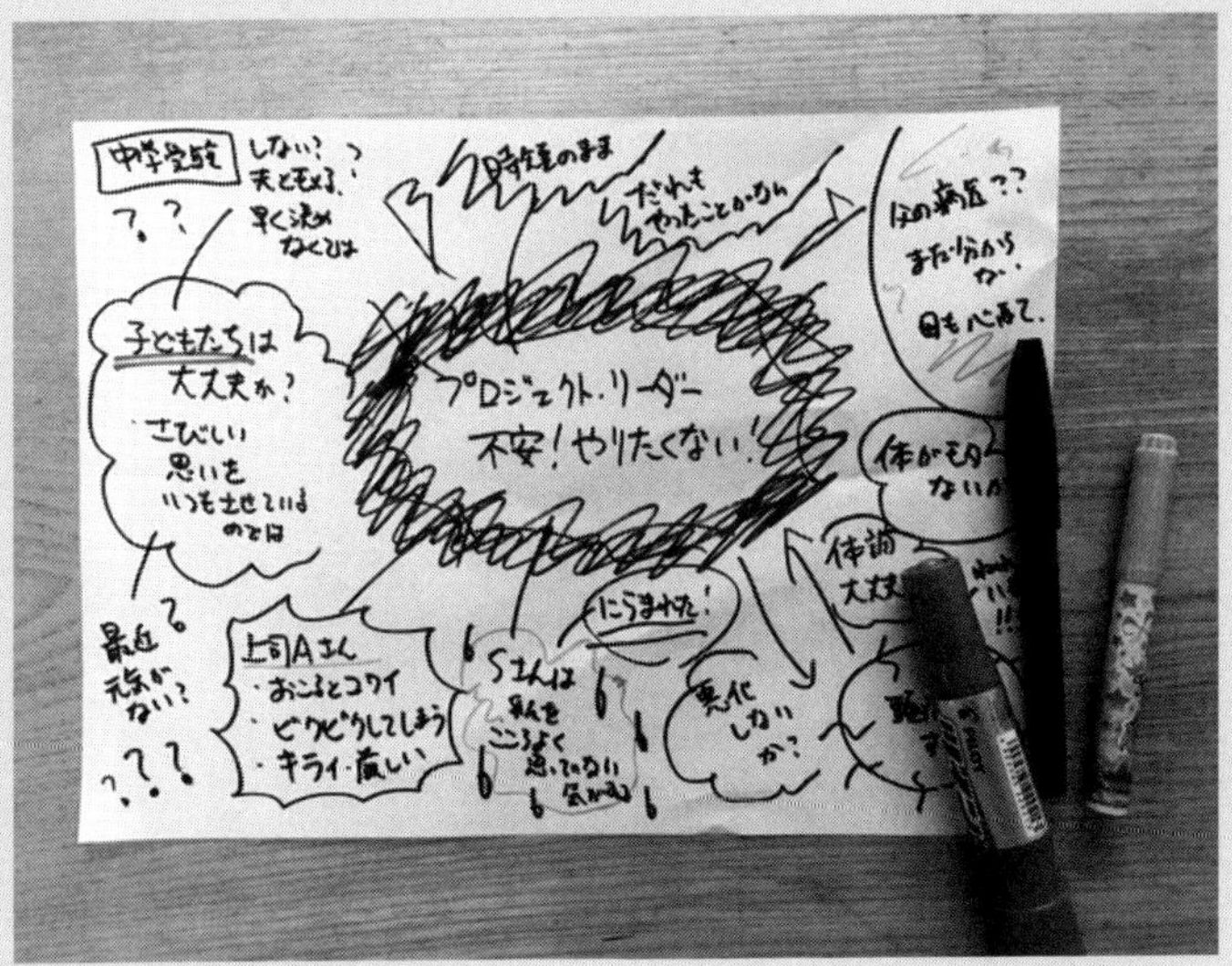
中学受験
だれもやったことがない
母の病気？？
まだ分からない。
目も心配で。
子どもたちは大丈夫か？
・さびしい思いをいつもさせているのでは
プロジェクト・リーダー
不安！やりたくない！
最近元気がない？
上司Aさん
・おこるとコワイ
・ビクビクしてしまう
にらまれた！
Sさんは私をこころよく思っていない気がする
悪化しないか？

# Q4

**子育ても仕事も大変で、自分の時間はないし、やりたいことはできないし、楽しいとは思わない。気合が入るときもあるのですが、続かない。私は「うつっぽい」のでしょうか？**

# A

**うつは〝疲労〟。あなたはすでに「疲労2段階」かもしれません。焦りを感じるならば、カウンセラーなどに頼ってみるのもひとつです。**

**「うつ」とは、がんばりすぎたらだれもがなってしまう〝蓄積された疲労〟のことだと考えてください。**

疲労には3段階あって、Ｌｅｓｓｏｎ02（33ページ）の「疲労の3段階」で説明したとおり、「疲労2段階」をいわゆる「うつっぽい状態」、「疲労3段階」を「うつ状態」といつも説明しています（ちなみに「うつ病」とは医師が医療ケアのために使

う分類で、私はあまり使いません)。

一般的には、「うつ」を「精神的に弱い人がなる」とイメージしている人も多いようです。そのせいか、なかなか「自分がうつだ」と受け入れられないクライアントの方も多いものです。

でも「うつ」とは〝疲労〟なのだと理解すれば、その人がダメなわけではないし、性格の改善をする必要もないことがおわかりいただけると思います。

しっかり休めれば、必ず回復していけます。前向きさや柔軟さといった要素も自然に戻りますから、その方のもともとの人格や性質はほぼ関係ないのです。

この相談者の方は「楽しいとは思わない」とのこと。詳しい状況をご本人に聞いてみないとわかりませんが、すでに「疲労2段階」の「うつっぽい状態」になっていると思います。もしかしたら、「疲労3段階」かもしれません。「自分の時間はないし、やりたいことはできない」と言っていますが、仮に今、自分の時間ができて、やりたいことをやったとしても、心から楽しめなくなっているはずです。

とにもかくにも、優先すべきは質の良い睡眠。子育て中だと難しい部分もあると思いますが、1日のどこかで心身を休める工夫をしてみてください。

ここで、「楽しい」という感覚について、補足しておきます。

疲労が「1段階」ならば、楽しみが楽しみとして、シンプルに感じられます。ですが、もしも、たとえばゲームやカラオケ、運動、買い物、仕事、旅行などのストレス解消法が、「それをしているときは楽しいけど、終わったあとに疲れる」とか、「なぜかそれをやる回数が減った」(逆に回数がかなり増えてきた)、などという変化を感じるのでしたら、すでに疲労が深くなっている「2段階」の可能性が高いです。

疲れを避けようとすると、ストレス解消の回数が減り、つらさをなんとかしたいと焦っているときは回数が増えます。案外、**人は疲れているときほど、自分を奮い立たせて楽しもうとしたり、無意識に疲れや不安を忘れようとして、無理をしてしまうことも多いんです。**

また、この相談者の方は、「気合が続かない」ことも気にしています。**うつっぽく**

**なると、だれでも調子の波が大きくなる**、ということをお伝えしておきます。

特に、「疲労2段階」ではこの波が大きくなります。案外調子が良いときもあるし、逆にドンと落ち込むこともあるのです。「続かない」のは気合や根性、性格のせいではなく、うつ状態の「症状」なのです。

調子が落ちたときに、

「あー、最近うまくやっていたと思っていたのに、また落ちちゃった」

と、つい焦ったり、自分にダメ出ししたりする人も多いのですが、「そういうものなんだ」と心に留めてください。


どうしても自責や不安を感じるときは、信頼できる人やカウンセラーなどのサポートも頼りながら、上手に自分の心身を休めていけるようにしてみましょう。

## Q5

**産育休から時短勤務で職場復帰しましたが、同僚や上司に「迷惑をかけて申し訳ない」と感じることに疲れました。さらに「また子どもが風邪ひいて、早退してるよ」というような無言の圧を感じて、正直つらいです。**

## A

**今は「警戒度」がいつもの3倍になっているかも。勇気を出して周囲の人とお話ししてみるのがよいかもしれません。**

産休・育休が明けて職場復帰をすると、復帰後3カ月から半年くらい、もしくは1年間は、だれでもうつっぽくなります。

私はこれを「**職場復帰うつ**」とも呼んでいます。

私たちは環境が変わるだけで、ものすごく「エネルギー」を使います。**職場復帰したら、それだけでエネルギーがグッと下がった状態になり、それが3カ月くらい続くのが普通なんです。**そしてこの期間は、どうしても思考もうつっぽくなるもの。不安が大きくなり、対人恐怖が強くなったり、「自責スイッチ」も強く発動してしまったりするんです。

たとえば育休前は、早退したとしても、

「サボっていると見られないように、気をつけなくちゃ」

と「警戒度5」くらいで済んでいたとしましょう。でも職場復帰後の時期は、うつっぽい思考のせいで、

「私はサボっていると思われている。みんな私を批判しているに違いない！」

などと、心の中の予測が「警戒度15」にふくらんでしまっているんです。

ですから、どうしても周囲の言動が非難しているように見える。

まずは、この「警戒度」を上手にゆるめていきましょう。現実とのバランスをちゃんととることです。

この相談者の方の場合は「周囲とお話しする」ことがひとつの解決策になるかもしれません。

過去に、お子さんの体調不良で周囲に不快な思いをさせていると悩むクライアントさんがいました。2人で協議して、「このところ早退が続いて申し訳ありません」とお茶菓子を配りながら、先輩や同僚たちとおしゃべりしてみるという作戦を立てたのです。そうすると案外、「お子さん大丈夫だった？　大変そうだなと思って心配してたの」などと、想像していたのとは別の答えが返ってきたそうです。

**不安は勝手に危険なイメージをふくらませます。勇気を出して、コミュニケーションをとってみると、案外人は優しいものだとわかることが多いのです。**

とは言え、同時に、職場の人全員が完全に好意的なわけではない、という現実もわかっておくことが大事です。通常のオフィスでも、早く帰る人を快く思わない人は、一定数存在するものです。

どうしてかというと、**人間にとって「働く」とは、自分の「エネルギー」を消耗すること。**どんな人も、自分のエネルギーの消耗具合と報酬（お給料ややりがい、周囲の評価など）のバランスに、本能的に敏感になってしまうものなんです。それで「あの人はズルイ」「あの部署はズルイ」とお互いが思いがちになってしまう。余裕のない職場ほど、その傾向は顕著になります。職場とはそういうもの、人とはそういうものと、期待値を下げておきましょう。

その意味で、どんな元気な人でも、対人関係に対する「警戒度5」は、やはり必要なんです。

つまり、**不安は全部なくせないし、なくしてはいけない。現実に合った「適正な不安」にしておくことが重要なのです。**よく観察すれば、全員が好意的なわけではないけれど、一方で、全員が反感を持っているわけではないともわかります。

睡眠をしっかり確保して、うつっぽい思考とも折り合いをつけながら、「職場復帰うつ」期間を少しずつ乗り越えていきましょう。

## ワーク④ プチうつケア 〈職場復帰の3ステップ〉

ワーキングマザーに限らず、うつ病などで休職した人が職場復帰をするときに役立つ、心の3ステップです。

**① まずは「仕事」に慣れる**
**② 次に「場所」に慣れる**
**③ 最後に「人」に慣れる**

最初から完全復帰を目指すのではなくて、まずは「仕事をすること」に慣れる。在宅ワークなどで、ちょっとした作業や簡単な仕事から始めます。

次に「場所」に慣れる。出勤する場合、まず最寄り駅、オフィス、部署、デスクなど、少しずつ近づいていきます。

最後に「人」に慣れる。他人は一番コントロールが効かない、ままならないもの。

最後に慣れればいいと考えて、苦手な人とはさりげなく距離をとるなどして、ゆっくり関係を築いていきましょう。

この3ステップは、休み明け、会社や学校に行くのが憂うつなとき、転校や転職など新しい環境で不安が強いときなどに、ちょっとした心がけとして覚えておくと、大人にも子どもにも役立ちます。

## Q6

育休前と比べて大幅に仕事量を減らしてもらったのですが、復帰後、重要度の高くない仕事を担当することが増えました。余裕ができて助かるのですが、一方で育休前の自分自身と比べてしまい、「もう私は必要とされていないのではないか？」と落ち込みます。

## A

だれにでも季節は必ず巡ります。再び走り始めたとき、心身の調子が悪ければ思うようには動けません。そのときのためにも、今はしっかりエンジンを休めましょう。

育休から復帰後に仕事量を減らしてもらい、余裕ができたとのこと。そこまで配慮してくれる職場はまだ少ないですから、私からすると、これはチャンスだと言えます。まずはしっかり心身を休めて、出産、職場復帰を経て消耗している自身のエネルギーを回復させるように努めてください。自分自身のケアをしっかりすることで、気分の

落ち込み方や将来への不安も、少しずつゆるんでくるでしょう。

また、「エネルギー」と「自信」を少しずつ回復させていければ、仕事のやる気もパフォーマンスも、結果として上げていけるはずです。焦らず、今の時点で感じてしまう、不安の感情をケアし続けてほしいと思います。

最近、ワーキングマザーの方から「マミートラックにはまってしまった」という声を聞くようになりました。

マミートラックとは、働く女性が、仕事と子育ての両立はできるものの、いわゆる「出世コース」からは外れてしまうことを言いますが、共働きの家庭も増えたので、このようなケースを見聞きすることも増えたのでしょう。実際、企業の組織や人事体制としても、今はようやくその問題に気づいて変わり始めたところであり、実情はなかなか思いどおりにはいかない、というのが現状だと思います。

しかし、30年間、さまざまなクライアントの人生に寄り添ってきた私の経験から、ハッキリと断言します。

本当に縁のある仕事は、一時期遠ざかったとしても、必ずチャンスが巡ってきます。**療養で仕事を離れた人、いわば「うつトラック」に入った人でも、しっかり回復できた人は、必ずやるべき仕事や、使命とでもいうべき役割が不思議と回ってくるのです。**

ちなみに私自身、20年以上前、自衛隊時代に「うつトラック」を経験しています。アメリカ同時多発テロ事件の直後で、現場の隊員のメンタルヘルスの重要性がようやく認識され始めたころのこと。「いよいよ自分の出番だ！」と意気揚々としていました。全国の講習会やカウンセリングに飛び回り、気づいたら、全く休みをとっていなかったのです。

ある日突然、体のだるさと吐き気に襲われました。風邪とは明らかに違う、調子の悪さ。無意識にため息が続き、妙な切迫感がありました。

「この感覚はまさか？　でも、メンタルヘルス専門家の私がうつになるわけがない！」

しかし、チームメンバーの精神科医に診察を求めると、診断は「うつ病」。翌日に予定されていた1000人規模の講演会を含めて、ただちに当面の仕事をキャンセルし、療養に入らざるをえませんでした。

まさに「うつトラック」に入ったのです。

結局、回復まで1年かかりました。みなさんは「1年もかかったのか」と思うかもしれませんが、私の感覚で言うと、**あのとき、ただちに仕事をセーブできたので、1年で済んだのです**。今となっては、自分が実際にうつ状態を経験したことは、カウンセラーの仕事を続けていく上で、ものすごくプラスになったのはご想像いただけると思います。

ほかにも、たとえば水泳の池江璃花子選手の復活を心のお守りにするのもいいでしょう。病を乗り越えて東京オリンピックへの出場を果たした彼女が、2年たった今、次のオリンピックに向けて新たなスタートを切っています。

相談者の方にも、みなさんにも、季節は必ず巡ります。再び走り始めたとき、心身の調子が悪ければ、思うようには動けません。そのときのためにも、今はしっかりエンジンを休ませる。そのように考えて、焦らず、自分自身のケアをしてください。

## ワーク⑤ プチうつケア〈DNA呼吸法〉

「ショックなこと」が起きたとき、心の緊急ケアとして、呼吸法はかなり有効です。怒りや不安などの感情は、心も体もセットで緊張させるのですが、呼吸は体からそのセットを分解して、ゆるめてくれます。ここでは、私のオリジナルを紹介しましょう。

**① 次の順で、呼吸しやすい姿勢を作ります**

↓イスに腰を掛け、上半身を骨盤から前に倒し、背筋を伸ばしながら起こす

↓上体を左右に揺する

↓肩の上下がしやすいところに頭の位置を収める（乗せる）

↓丹田（おへその下あたり）に重みを感じ、背骨以外は脱力して座っている状態を作る

**② 「大丈夫（D）」と言いながら、ため息をつくように胸の息を吐きます（1秒）**

**③ 「なんとかなる（N）」と繰り返し言いながら、下腹を凹ませ、胸を上げて息を吐き**

ます（6秒）

④「明らかにしよう、よく見よう（A）」と言いながら、息を吐き切って、お尻の穴を締めます（1秒）

⑤反動で吸って、息継ぎの呼吸を1～2回行います

⑥もう一度軽く吸って、②～⑤を1セットとして5回くらい行います

この呼吸法は、わざとややこしいステップにしています。言葉の意味はあまり考えず、呪文のようにつぶやいてみましょう。時間、回数は目安なので、自分のやりたいようにやってかまいません。慣れるまで何度か練習してみてください。

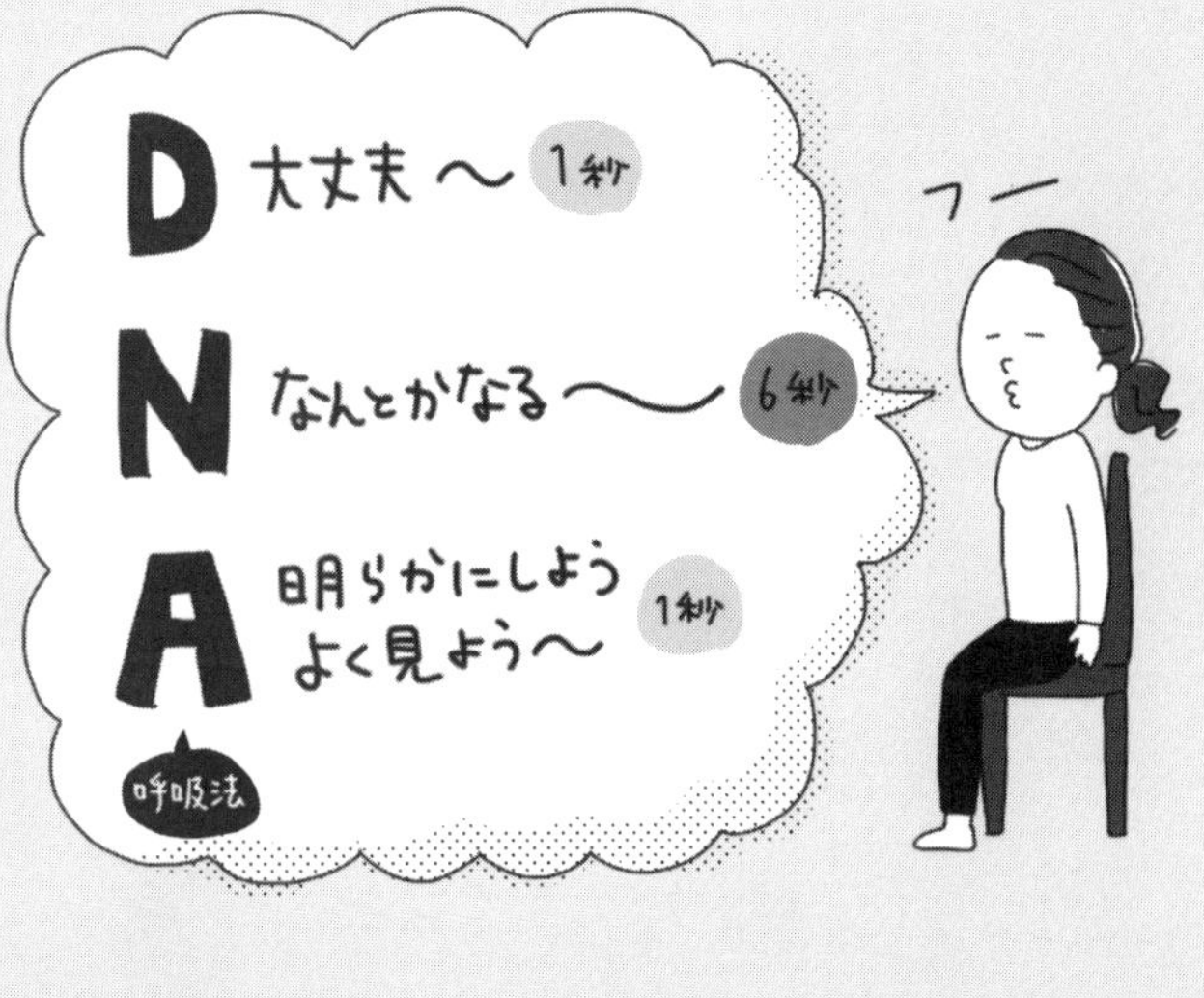

## Q7

**家族全員が新型コロナに感染。私はリモートワークとなり、体調が悪いのに家事も育児も仕事もで、狂いました。主人は見て見ぬふり、ある程度家事や子育てをしてほしかった。何度も離婚が頭をよぎっています。**

## A

**まず「怒りのケア」で距離をとり、夫への「伝え方」を工夫してみましょう。でもどうしてもご自身の人生にプラスでないならば、離婚だっておおいにアリです。**

どんなご家庭でも、多かれ少なかれ、危機、クライシスは必ず発生するもの。特に子育て中ならば、思ってもみなかったピンチは何度でもやってきます。

そのときに、パートナーに対して、「もうこの人とは別れてやる」と思ったり、イライラや怒り、憎しみ、殺意（！）を覚えたりすることは、人として自然なことです。

湧き上がる感情を排除しようとしても、なかなか無理な戦いを自分に強いることになってしまいます。

気にするべきポイントは、危機が起こったあと、

**「いかに感情を引きずらないか」**

ということだと思います。

この場合、怒りを強く感じたときの対処としては、まず171ページを参考にして、ひとまず「距離をとる」こと。一緒に暮らしていると、物理的な距離をとるのは難しいと思うので、まずはイメージで距離をとります。感情のピークをやり過ごすのです。こうしてある程度落ち着き、ご自身のエネルギーもある程度回復したと思える段階で、パートナーと話し合う時間を持つのが一番早いと思います。

ただし！

話し合いとなった段階で、くれぐれも気をつけたいのは、男性と女性の思考の違いです。多くの場合、女性は「どんなに自分が大変だったか、苦しかったか」をわから

せたいでしょうが、男性にはまず伝わりません。男性はストレートに「感情」をぶつけられても、理解できないんです。

そこで、男性には、**あくまでも「対策」を話し合う体でいくといいんです。**たとえば、このご相談者の場合は、

「この前は家族全員が病気になっちゃって大変だったけど、今度また同じことが起きたらどうしようか？　何か備えておいたほうがいいかな？」

などです。そのように話しながら、**その流れで、「あのとき自分がどんな状況だったか」「どんなつらい思いをしたか」という話を混ぜていく。**クッションを挟まないと、多くの男性は飲み込めないものなのです。

ちなみに、男性と女性の違いで知っておくとよいことが、もうひとつあります。

女性は子どもを産み育てる性ですから、子どもに及ぶかもしれない危機を常に先回りする特性を、男性に比べて発達させています。だから、次に予想されるさまざまなトラブルを予測し回避しながら、子どもの面倒を見て、料理をしながら明日の準備をすることができる。でもそのようなこまごまとした「先回りの思考」は、男性はそも

そもそも苦手なのだと知っておきましょう。男性は「大きな目標と最短のルート」の思考しかないのです。

今、日本の社会は、男性の育児参加をどんどん進めています。とても良い傾向だとは思いますが、女性のほうが、男性は自分と同じようには考えられないと知り、夫に対する期待値を下げられるとよいと思います。もしかしたら「隣の家のパパ」の育児スキルが高くてうらやましく見えるときもあるでしょうが、隣の芝生は青いものです。また、「本来は男女平等で、私のほうが夫を思いやるのなんておかしい」と感じるかもしれませんが、結局、子どもに影響が及ぶことを考えると、動いてしまうのは女性のほうが多いのです。

ただ現実的には、少しでも夫にも戦力となってもらわなければ、厳しい子育て戦場を乗り切れません。まずは**夫に対して、自分と同じレベルでの「先回り」を求めないと心得ておく。**また、**そのときそのときで「やるべきこと」をなるべく絞り、明確に示してあげる。**このようにしながら、男性をうまく導いてあげるのがコツです。

もちろん、ご自身も、そしてパートナーも、性格やスキルの違いがあるでしょうから、全員がこのセオリーに当てはまるとは限りません。また、今の時代、結婚生活を何が何でも続けなければいけないという「メリット」は、昔よりも減っています。本当にご自身の人生にプラスにならないのならば、離婚という選択もおおいにアリだと思います。

もし現段階で、夫婦として生活基盤を回すほうがメリットがあると感じるのでしたら、折り合いをつけながら、自分たちのやり方を工夫していくほうが断然「省エネ」です。省エネということは、ご自身のメンタル面も穏やかに保てるということです。

男女の基本的な違いを知りつつ、問題が起きたときにその都度すり合わせをしていく。それが多くのご夫婦にとって、現実的な夫婦運営のコツではないかと思います。

# Q8

子どもとじっくり遊んであげることが苦手です。散歩や図書館に行くことでなんとかしていますが、子どもは私の知らないボードゲームで遊びたがるので苦痛です。

# A

今は「自責スイッチ」がオンになっているかも。自分のケアをしつつ、状況をフラットに見て、自分の中の「期待値」と現実のズレを確認してみましょう。

この相談を先輩ママさんにしたら、おそらく答えは
「大丈夫よ！　そんなの放っておけばいいのよ」
になるのではないでしょうか。
しかし、その回答でご相談者の気持ちはとうてい収まらないし、問題の解決にはならないでしょう。この悩みの本質は、「子どもとじっくり遊んであげる母親でありたい。でも自分はそうではない」という、この方の〝思い〟にあると感じるからです。

では、今なぜこのような思いで苦しんでいるかというと、疲れていて、子どもにつきあいたくない。あるいは、焦りが生じていてゆっくりした子どもの時間が苦痛に感じる。さらに、子どもが「ママ、なんで遊んでくれないの」と言っただけで、心が2倍3倍に反応して、自分を守るための怒りも生じてくる。そこに「自責スイッチ」もオンになっているから、そんな自分を責める思考が働き続ける……という状態になっているからでしょう。まずは自分自身をケアして、しっかり心身を休ませるようにしてください。

その上で、この状況をなるべくフラットに考えてみてほしいんです。
もしこれが「バレエが好き」「野球が好き」というお子さんだったら、どうでしょう。バレエや野球の経験がないお母さんならば、教えてあげられないのは当然ですよね。子どもに機会を与えたいと思うのならば、バレエレッスンや野球教室を探したりするでしょう。つまり、ボードゲームをやってこなかったお母さんなら、外でその機会を探せばいいんです。

ただ、この数年はコロナ禍でそれもままならない状況もあったのかもしれません。家の中での過ごし方について、悩んでいらっしゃったクライアントの方も多かったからです。「子どもが動画ばかり観ている。もっと外で遊ばせるべきでしょうか」ともよく聞かれました。

しかし、私はこの場合でも、回答の基本は同じなんです。まずはお母さん自身の「自責スイッチ」をゆるめること。休んで、エネルギーを回復させることです。

その上で、**「お母さんはこうするべき」「子育てはこのくらいできるべき」**の期待値**が高すぎていないか、現実とズレていないか、クールに考えてみてほしいのです。**

**コロナ禍の子育ては、難しかった。つまり、つらい戦場だったのです。**だから、親も子も不満を持ちながら過ごさねばならなかった。それは仕方のないことです。親の子育てのせいではないのです。

ちなみに、今、子育て中の方々には「時代のズレ」をしっかり加味してほしいと思います。

たとえば、「子どもについ動画を観せすぎて罪悪感がある」と悩む方に、私はいつも、

「え？　どうして観せてはダメなの？」

と答えてしまいます。

すでに社会は、活字ではなく、Webや映像がメインの世界へと移行しました。今やメタバース（仮想空間）で商売をしたり、暮らしたりしている人も出てきています。そんな時代に、動画に親しんでいなければ、1歩も2歩も遅れて、お子さんは将来の仕事のチャンスを狭めてしまうでしょう。

YouTubeを子どもが大喜びで観て、お母さんもその間はラクになって休めるならば、双方がハッピーで、メンタルヘルス的にはとても好ましい状況だとも言えるんです。もう動画はジャンジャン、おおいに観せたらいいんです……と言うと、ちょっと引いてしまうお母さんもいらっしゃいますが（笑）。

でも、子育てや教育の「○○するべき」「○○しないべき」は、多くの場合、ある人の過去の成功体験（あるいは失敗体験）に基づきます。さらに、その「過去」が、今とは

大きくズレ始めているのです。しかも10年前のズレ幅に比べて、今のズレ幅はどんどん広がっています。さらに、これから10年のズレ幅は人類史上最大レベル……。

去年はなかった、人のように対話のできるＡＩ技術がすごい勢いで普及しています。社会がどうなっていくか、だれにもわからない、未知のゾーンに入っていきます。いや、すでに未知の世界に入っていると言っていいでしょう。

**この意味で、私たち大人は全員「時代遅れ」だと言っていいんです。**

では、子育てにおいては、どうすればいいのでしょうか？

**親御さんは、自分の中の「〇〇するべき」に早めに気づき、よく検証することです。**お子さんを時代遅れの価値観で染めてしまわないように、なるべく「無色」でいて、おおらかに接していくことが、この後10年はものすごく大切になっていきます。

このような視点でも、自分の中にある「無意識の期待値」をチェックして、いたずらに自分を苦しめないようにしてくださいね。時代の変化への対応については、『令和時代の子育て戦略』（講談社）も参考にしてみてください。

# Q9

新型コロナの影響で友人とのランチも気が引けるし、ショッピングセンターなど外のトイレに入るのも用心しないといけない。「一切気にしない」という自称サバサバ系ママとは、正直距離を置きたい。私は神経質すぎるのでしょうか？

# A

母親の〝本能〟があなたをそうさせているんだから、当然です。その上で、ご自身の「警戒度」が周囲と大きくズレていないか確認してみましょう。

母親とは神経質なものです。
なぜなら、子どもを守らなくてはいけないからです。

原始の時代を考えてみましょう。出産した女性は、夫や仲間が狩りに出ている間、子どもの世話をしています。もし猛獣に襲われそうになったら、自分ひとりだったらパーッと逃げればいい。けれども赤ちゃんがいては、そうは逃げられません。

だから、暗闇や風の中に猛獣の気配がないか、いつも神経を尖らせていなくてはなりません。少しの物音がしようものなら、たちまち「危険監視モード」に入ります。


このときに働いているのが「不安」の感情です。「もしかしたら……？」と身をすくませて将来の危険を予測し、先を読んで、防御のための準備をさせてくれます。本能に組み込まれたシステムが、母親を神経質にさせるのです。すべては自分の子どもを守るため。それは愛の変形バージョンなんです。

「自分は神経質すぎるのか」と悩むお母さんもいるのですが、その人自身の性格というよりも、母なる性《さが》がそうさせていると考えましょう。


その上で気をつけておきたいのは、**神経質の度合いが行きすぎて、周囲から浮いてしまっているような場合**です。

たとえば、新型コロナに対する警戒度が、多くの人は「3」くらいだったとしましょう。けれども、ある人は母親としての本能から警戒度が「5」くらいに上がっています。その程度ならば、まだ周囲から浮くことも少ないでしょう。

問題は、じつは本人が疲労していてうつっぽい状態にあることで、警戒度が3倍モードで過剰に、たとえば「15」くらいに跳ね上がっているケースです。

周囲が警戒度「3」なのに、その人だけ「15」だと、「あの人変わってるよね」「病的に気にしすぎだよね」ということになってしまいます。そのせいで、現実的にトラブルやすれ違いが生じてくることもあるかもしれません。

このようなケースに陥らないためには、日ごろから自分自身の疲労具合を意識して、ケアをしっかり行っておくことです。

エネルギーを高めることで、少しずつ「警戒度」を適正にゆるめていけます。

**警戒はゼロにすることはできませんし、その必要もありません。**

**大事なのは、現実社会との程度のすり合わせを行っていくこと。**そうすることで、自分自身がラクになっていけます。

# Q10

**カウンセリングを受けてみたいのですが、どこもあやしく感じてしまいます。金額もマチマチで、利用に至っていません。どんな基準でカウンセラーを選ぶといいのでしょうか?**

# A

**新しい美容院を探すつもりで大丈夫です。でも「脅し」や「強制」には気をつけて!**

この質問は「どこの美容院がおすすめですか?」というのと同じようなもの、と思ってみてください。つまり、**手ごろなところから試してみるのが一番なんです。**

どんなに高級な美容院の有名なカリスマ美容師でも、本当に自分に合っているかどうかは、試してみないとわかりません。どんなにその人の技術が高くても、なんとな

く好きになれないとか、相性というものがあります。カウンセリングも同じで、まずはオンラインで数千円単位のものや、地域の無料相談など、手ごろなところから試してみる。そして、自分との相性や好き嫌いで、継続するかどうかを決めればいいんです。

たまに、カウンセリングの効果が今ひとつ感じられないと、
「カウンセラーの言うとおりにできない私がダメなんだ」
などと落ち込んでしまう人がいます。**でも、どんなに腕の立つカウンセラーでも、今のあなたにとって正しいとは限りません。自分の感覚で選んでみて、試してみて、違和感を覚えたら、さっさと離れればいいんです。**

また、どんなカウンセラーでも最低限、話した内容について秘密は守ってくれるもの（もし守らない人がいたら言語道断！）。

第三者に向けて、自分の思いを言葉にするだけで、ある程度の効果は望めます。**カウンセリングを「ストレス解消」「心のストレッチ」くらいのものと期待値を下げて、相性の良い話し相手を見つけていくような感覚で探してみてください。**

ただし、カウンセラーの「脅し」や「強制」にはくれぐれもご注意を。

カウンセラーには、美容師と同じように「腕（スキル）」があります。「そんな旦那とは今すぐ別れなさい」「○○療法をしなくては乗り越えられない」などと言う人がいたら、初級レベルのカウンセラーです。もし相性がばっちりならいいですが、そうでもないときは、すぐに別のカウンセラーに替えたほうがいいでしょう。

また、直接的でなくても、「それは過去のできごとのＰＴＳＤですよ」などと**マイルドに脅して、クライアントを不安に陥れる人もいます。**

心が弱っているときほど判断力も鈍りますが、少しでも迷ったら、別の冷静な人に聞いてみるといった「チェック機能」を、自分の中に持っておくことも大切です。

カウンセリングで「こんな軽い内容で相談してもいいのかな？」と迷う人もいるのですが、**まず「相談するかどうか」を相談してもいいんです。**最近は**自治体の精神保健福祉センター**などで、子育て、介護などの相談を聞いて、地域のしかるべき専門家や医師などにつないでくれるところも増えています。心の不調を訴える人の場合、中には、ただちに病院での治療が必要なケースもあります。そのような方々をとりこぼさないためにも、こうした地域の機能がさらに充実していくといいなと思っています。

＼ 巻末付録 ／

# わたしのおすすめストレス解消法

アンケートより、ワーママたちが実践している
おすすめのストレス解消法をご紹介します。
「Q＆A」のQ1（166ページ）も参照しながら、
自分の充電タイムの参考にしてみてください。

ヨガ、ストレッチ
（30代／3歳・0歳児ママ）

漫画を読む、アニメを観る
（30代／8歳・7歳児ママ）

よく寝てよく食べる
（30代／5歳・3歳児ママ）

ラーメン食べ歩き
（40代／11歳・9歳児ママ）

趣味の読書やガーデニング
（20代／2歳児ママ）

夫婦交代で1日自由日を取得し、自分のために時間を使う
（30代／3歳児ママ）

歌いながらトランポリン
（30代／7歳・5歳児ママ）

大好きな芸人さんの動画を観て現実逃避をしながら元気をもらっています
（30代／8歳・3歳児ママ）

ビールを飲み、珍味を食べながら録画したドラマを見る
（40代／5歳児ママ）

子どもや夫とハグをします
（30代／3歳・1歳児ママ）

韓国ドラマを観る、
1人で図書館へ行く
(50代／10歳児ママ)

要らなくなった服を
破り捨てる
(30代／4歳児ママ)

子どもが
寝たあとの
お菓子タイム
(20代／2歳・
1歳児ママ)

有給使って
自分時間
(30代／7歳・
2歳児ママ)

旦那さんを置いて
子どもとキャンプで
焚き火
(30代／6歳・4歳児ママ)

YouTubeを観て、
推し活を
楽しんでいます
(30代／4歳・3歳児ママ)

どうしようもなく病んだときは
自分にLINEしている。
悩みをLINEに書き込み、
今度は他人になりきり、同意してから
客観的なアドバイスを返信する。
かなり気持ちが落ち着く
(30代／8歳・5歳児ママ)

色々家の事を
早く終わらせて、
テレビや遊びで
グダグダ過ごす
(40代／12歳(以上)・
4歳・0歳児ママ)

散歩、
友達と連絡を取る
(20代／1歳児ママ)

帰りの電車で
映画鑑賞
(30代／4歳児ママ)

1人で寝る。
パパと子どもで
出かけてもらう
(宿泊あり)
(30代／7歳児ママ)

仕事前に早起きして
スタバに行く
(40代／2歳児ママ)

# エピローグ

現代の子育ては戦場レベルで「うつっぽく」なりやすいものです。ワーママさんたちがうつになるのは、ご自身だけでなく、子どもにとっても良いことではありません。そこで、本書では、「ワーママが子育てでうつにならないこと」を目指して現実的な対処方法を紹介してきました。

元自衛隊カウンセラーの私はどうしても戦術の思考で考えてしまうので、本書が全体的に理屈っぽくなってしまったのはご容赦ください。ご自分に受け入れられる部分だけを取捨選択してくだされればありがたいです。

さて、最後にもう一度強調したいのは、現代社会の子育て環境の難しさです。国も「異次元の少子化対策」を掲げていますが、本書で紹介した「無理ゲー」と感じられるワーママのみなさんの子育てを完全にはフォローできそうもありません。かといって、子育てに待ったなし、自分で自分を守っていくしかない部分があるのです。

いろいろなつきあいの中で、「子どもができたんです」とうれしい報告をしてくれる一方、その後の大変さをきちんと認識せず、準備もしていない方が多くいらっしゃいます。そんなワーママのみなさん、あるいはそのパートナーの方に、私が現場でお伝えしていることをまとめたのが本書です。

子育ては、大きく言えば幸せなこと。しかし、楽観しすぎは禁物です。きちんとリスクを見据え、それに心理的に備えられていてはじめて、今の子育てを楽しめるのではないでしょうか。

執筆を進めるにあたり、調査に協力してくれたワーママのみなさんに感謝します。本書が、厳しい子育てに臨むみなさんの、なんらかのヒントになれば幸いです。

2023年5月　下園壮太

著者
**下園壮太**（しもぞの・そうた）
NPO法人メンタルレスキュー協会理事長、元陸上自衛隊衛生学校心理教官。陸自初の心理幹部として多数のカウンセリングを経験。その後、自衛隊の衛生科隊員（医師、看護師、救急救命士等）やレンジャー隊員等に、メンタルヘルス、カウンセリング、コンバットストレス（惨事ストレス）対策を教育。本邦初の試みである「自殺・事故のアフターケアチーム」のメンバーとして、約300件以上の自殺や事故にかかわる。2015年8月退職。現在はNPO法人メンタルレスキュー協会でクライシスカウンセリングを広めつつ、産業カウンセラー協会、県や市、企業、大学院などで、メンタルヘルス、カウンセリング、感情のケアプログラム（ストレスコントロール）などについての講演・講義・トレーニングを提供。著書50冊以上。公式HP：http://www.yayoinokokoro.net/

イラスト
**ひえじまゆりこ**
二児のワーママでイラストレーター。働きながら育児をすることの難しさを痛感した経験から、イラストや漫画を描くことを通じて「みんなが快適に働ける社会」を目指している。

**ワーママが無理《むり》ゲーすぎてメンタルがやばいので**
**カウンセラーの先生《せんせい》に聞《き》いてみた。**

2023年7月12日　初版発行

著　者　下園壮太
発行者　花野井道郎
発行所　株式会社時事通信出版局
発　売　株式会社時事通信社
〒104-8178　東京都中央区銀座5-15-8
電話03（5565）2155　https://bookpub.jiji.com
装丁・本文デザイン　藤塚尚子（etokumi）
イラスト　ひえじまゆりこ
DTP　朝日メディアインターナショナル株式会社
編集協力　向山奈央子
調査協力　株式会社こどもりびんぐ
校正　溝口恵子
編集担当　新井晶子
印刷・製本　シナノ印刷株式会社


ISBN978-4-7887-1876-0　C0030　Printed in Japan


＊本書のご感想をお寄せください。宛先は mbook@book.jiji.com